Torsten Berning

Torsten Berning

99x WOHNMOBIL-STELLPLÄTZE UNTER 10 €

in Deutschland

BRUCKMANN

Inhalt

Vorwort

Neben der Frage, was ein Wohnmobilstellplatz kosten soll oder darf, ist die Frage erlaubt, was er eigentlich leisten muss. Immer öfter hört man von der Fraktion der Neueinsteiger die Kritik, es gäbe nicht ausreichend Stellplätze für Wohnmobile und aus der Ecke der arrivierten Mobilisten, dass sie ihre bezahlbaren Übernachtungsmöglichkeiten vermissen. Natürlich kann es an verlängerten Wochenenden bei Traumzielen mit Flusslage schon mal zu Engpässen kommen. Das betrifft komischerweise oft »Komfort-Stellplätze« im erhöhten Preissegment. Fährt man zur gleichen Zeit alternativ den einfachen Platz um die Ecke oder einen kostenlosen Gemeindestellplatz an, wird man ganz überrascht noch freie Plätze entdecken!

Die modernen Wohnmobile bieten heute nahezu jeden Komfort und moderne, verlässliche Technik, die ein autarkes Stehen für zwei bis drei Tage problemlos ermöglichen. Das Wohnmobil selber hat nur etwas Durst, entleert sich gerne schon mal und je nach Dauer des Aufenthalts freut es sich über eine Erfrischung für die Energiezentralen. Eine Ver- und Entsorgung sind also die Basics, die ein Wohnmobilstellplatz leisten sollte. Wenn der Platz jetzt noch einen befestigten Untergrund hat und dazu noch weitestgehend eben ist, hat die Wohnmobilfamilie alles was sie benötigt. Kostet das ganze jetzt zwischen drei und acht Euro, ist die Ziellinie erreicht! Idealerweise sollten Zusatzleistungen wie Strom, Dusche, WC, XXL Flächen für Anhänger, Panoramaplatz oder Ähnliches auch nur von dem bezahlt werden, der meint, es zu benötigen!

Eine große Zahl von Stellplätzen erfüllt diese Kriterien auf den Punkt. Dabei standen wir auch nicht im Irgendwo von Nirgendwo, sondern, ganz im Gegenteil, an netten Plätzen mit toller Aussicht, in unberührter Natur, genauso wie am Rand der schönen Altstadt, die zum Bummel einlädt. Es gibt genügend Gemeinden und Städte, die den mobilen Gast kostenlos willkommen heißen.

Lassen Sie sich inspirieren und verführen, kommen Sie mit uns zu unseren bezahlbaren Wohnmobilstellplätzen. Genießen Sie die Freiheit des mobilen Reisens und die Erholung im schönen Deutschland!

Herzliche Grüße
Torsten Berning mit Reiseteam Sylke Zimmermann und Bordhund Sir Henry

01 Neukirchen in Nordfriesland

Der bekannteste Sohn des kleinen Marschlandortes ist zweifelsohne der berühmte Maler Emil Nolde, der von 1927 bis zu seinem Tod 1956 hier lebte und seinem künstlerischen Schaffen nachging. Darüber hinaus bietet der kleine Ort alles, was der Wohnmobilist für seinen Aufenthalt braucht.

Richtung Norden und dann immer geradeaus, lautet das Motto auf der Anfahrt zum kleinen Wohnmobilstellplatz, den die Gemeinde Neukirchen ihren mobilen Gästen kostenlos zur Verfügung stellt. Auch wenn es schon voll ist, findet man immer noch ein Plätzchen für die Nacht. Der Name Emil Nolde zieht viele Kunstbegeisterte nach Nordfriesland und mit dem Fahrrad

sind es nur vier Kilometer nach Seebüll, wo inmitten der freien Natur seine ehemalige »Wohnburg« steht, heute Museum und Sitz der Nolde Stiftung.

Durch die flache Marsch bis zum Bahnhof von Klanxbüll sind es auch nur fünf Kilometer. Und von hier bis nach Westerland auf der Insel Sylt sind es mit dem Zug nur 25 Minuten, also ein lohnender Tagesausflug. Es gibt gute Angebote der Bahn mit den Schleswig-Holstein-Tickets, eine Mitnahme des Fahrrads ist ebenfalls möglich. Man kann z. B. die Nachbarn am Stellplatz fragen und dann gemeinsam ein Kleingruppenticket bis fünf Personen für 29 Euro nutzen!

Stellplatz Haus der Vereine · Kirchenweg 2 · 25927 Neukirchen · Tel. 04664/488
www.neukirchen-nordfriesland.de · GPS 54°51'58" N, 8°44'2" E
4 Stellplätze · kostenlos · inkl. Ver- und Entsorgung · kein Strom · auf gepflastertem Untergrund
ganzjährig auch für große Wohnmobile nutzbar · außer bei Frost
Emil Nolde Museum · Seebüll 31 · 25927 Neukirchen
Tel. 04664/98 39 30 · www.nolde-stiftung.de
Geöffnet 1. März bis 30. November täglich 10–18 Uhr, auch an Feiertagen
Eintritt Erwachsene €6, Kinder bis 12 Jahre frei, Familienkarte 5 Personen €12

Die ehemalige »Wohnburg« von Emil Nolde

Das Burger Waldmuseum
Fähre Burg über den Nord-Ostsee-Kanal

Helmschenbach Quickborn

02

Etwas ganz Besonderes ist dieser private Stellplatz im Garten von begeisterten Campern. Am Abend kann man gemütlich grillen und ein romantisches Quaken begleitet die Nacht. Auf Wunsch ist der Anschluss zur Familie der Gastgeber inklusive oder man entspannt einfach nur individuell.

Im schönen Dithmarscher Land zwischen Meldorfer Bucht und Nord-Ostsee-Kanal liegt das Kleinod der Familie Kaiser. Von April bis Oktober sind die mobilen Gäste herzlich willkommen. In nordwestlicher Richtung kann man wunderbar durch die weiten Felder und Wiesen radeln oder südöstlich in das nahe gelegene Burg. Von dort sind es durch das Burger Feld nur eineinhalb Kilometer bis an den Nord-Ostsee-Kanal, wo man fasziniert dem Tanz der Schiffe aus aller Welt auf dem Wasser zuschauen kann. Hier sieht man bis zur Eisenbahnhochbrücke am Hochdonn. Ein ganz besonderer Tipp ist der Besuch des Burger Waldmuseums, das auf dem 66 Meter hohen Wulffsboom liegt. Dazu kommt noch der 21 Meter hohe Aussichtsturm, womit man für das platte Land eine gigantische Höhe erreicht. Bei klarem Wetter kann man von hier über das Dithmarscher Land bis an die Elbmündung sehen. Das Museum für Naturschutz und Waldpädagogik bietet viele Sonderaktionen und Führungen, speziell auch für Kinder. Es gibt aber keine Gastronomie, also sollte man das Picknick nicht vergessen. Hunde sind an der Leine erlaubt. Andere Möglichkeiten der Freizeitgestaltung kann man gerne beim mehr als freundlichen Stellplatzbetreiber erfahren.

Wem der Stellplatz so gut gefällt, der Ort mit seinen Möglichkeiten aber nicht genug bietet, der kann sich überlegen ab Bahnhof Burg mit dem Zug einen Tagesausflug an die Meldorfer Bucht zu machen. In 20 Minuten ist man schon da und eine Fahrradmitnahme ist auch möglich. Die Fahrtstrecke bis an die Meldorfer Bucht beträgt 28 Kilometer.

Stellplatz am Helmschenbach · Haupstr. 2 · 25712 Quickborn
Tel. 04825/71 34 · GPS 54°0'42" N, 9°13'0" E
5 Stellplätze · €7 · inkl. Strom und Wasser · Entsorgung nicht möglich
Burger Waldmuseum · Waldstr. 149 · 25712 Burg · Tel. 04825/29 85
www.burger-waldmuseum.de · geöffnet Ostern bis Ende Oktober · Familienkarte €10

03 Fehmarn

Einen Stellplatz unter zehn Euro auf einer der beliebtesten Ferieninseln Deutschlands gibt es wirklich! Das Ganze ist unweit des kleinen Ortes Puttgarden, der eigentlich nur für seinen Fährhafen Richtung Dänemark bekannt ist. Nicht zu verachten ist die Lage direkt hinter dem Badestrand.

Die Anfahrt am frühen Nachmittag ist optimal, dann sind die meisten durchfahrenden Wohnmobile wieder weg und die ersten Tagesgäste verlassen den Strand. Auch wenn Fehmarn, nach Rügen und Usedom, die drittgrößte Insel Deutschlands ist, beträgt die Süd-Nord-Ausdehnung gerade mal 14 Kilometer. So viel zur Anreise zum Stellplatz, wenn man die Fehmarnsundbrücke überquert hat. Da ist doch ein entspannter erster Tag genau das Richtige! Die Einsamkeit und der schier unendliche Strand sind einfach klasse. Der

kleine Ort Puttgarden verfügt über keine Geschäfte und bietet nur den Fährhafen als Highlight. Trotzdem ist es interessant, das bunte Treiben zu beobachten. Ob zu Fuß oder mit dem Fahrrad ist der Hafen schnell erreicht. Schöne Fotos kann man von der Spitze der Hafenmole machen, wenn die Fähren diesen verlassen oder einfahren. Nicht vergessen: Unbedingt ein frisches Fischbrötchen am Molenblick genießen! Am Zugang zum Badestrand versorgt einen der Imbiss/Grill zum Belt Blick mit leckeren Snacks. Links ist für Hundebesitzer der Weg um den See des »Grünen Brink« zu empfehlen. Es geht für die Hunde an den Strand und auf der anderen Seite auf dem schönen Weg durchs Grüne. Im Sommer, wenn es bis 23 Uhr und länger hell ist, genießt man es ganz besonders, und die Kinder haben ihre helle Freude! Bricht die Nacht dann herein, herrscht eine himmlische Ruhe, die für erholsamen Schlaf in frischer Seeluft sorgt.

Stellplatz Grüner Brink · Krögenweg · 23769 Fehmarn-Puttgarden · Tel. 04371/50 63 00
www.fehmarn.de · GPS 54°30'28" N, 11°11'33" E
30 Stellplätze · € 9 · ohne Strom, Ver- und Entsorgung
geschotterter Untergrund · auch für große Wohnmobile ganzjährig nutzbar
abgeteilter und begrünter Bereich eines Parkplatzes

An der Inselspitze strahlt die Ostsee in glänzendem Blau.

04 Stellplatz am Forsthaus Ukleisee

Nördlich von Eutin liegt das kleine Sielbeck am Kellersee. Nur wenigen ist bekannt, dass zwei Kilometer entfernt versteckt hinter hohen Bäumen der Ukleisee ist. Am alten Forsthaus gibt es ein neues Cafe. Hier kann man, noch ein Geheimtipp, mit dem Wohnmobil übernachten.

Im Herzen der ausgedehnten Seenlandschaft in Schleswig-Holsteins größtem Naturpark, der Holsteinischen Schweiz gibt es die Gelegenheit in wild romantischer Stimmung und mitten im Wald eine ganz besondere Nacht zu verbringen. Das Ufer des Ukleisee ist nur 150 Meter entfernt und der See kann auf einem Weg umrundet werden. Ein besonderes Naturerlebnis für Kinder und

Erwachsene. Auch für Hunde ist dies ein schönes Freilaufrevier. Direkt am Ortseingang von Sielbeck biegt man gleich rechts in die Straße Zum Ukleisee ein und erreicht nach ca. 2,5 Kilometern das alte Forsthaus. Das Wirtshaus besteht seit 1725 und lädt natürlich auch zu Einkehr ein. Unser Kuchentipp ist der leckere Bienenstich mit Sahnecreme und Himbeeren. Am Wochenende gibt es frische und selbstgebackene Brötchen sowie Brot.

Für die Fahrradfreunde sollte man noch erwähnen, dass es an der L174 nach Eutin einen schönen Radweg gibt. Am See kann man auf dem Rundweg noch das Jagdschloss Sielbeck bewundern. Ebenfalls gibt es hier eine Anlegestelle der Kellersee Schifffahrt, die einen bis nach Malente bringt.

Stellplatz am Forsthaus Ukleisee · Zum Ukleisee 23 · 23701 Eutin-Sielbeck
www.forsthaus-ukleisee.de · GPS 54°10'55" N, 10°38'29" E
5 Stellplätze · € 5,- zu zahlen im Gasthaus · nutzbar von April bis November auch für große Wohnmobile · es gibt keine Ver- und Entsorgung · kein Strom
Forsthaus am Ukleisee · Am Ukleisee 23 · 23701 Eutin – Sielbeck · www.forsthaus-ukleisee.de
geöffnet immer Sonntags von 12-18 Uhr (unregelmäßige Öffnungszeiten)

Idylle und Ruhe an Stellplatz und See

05 Marina Sagard

Nach der Durchfahrt Sagards Richtung Neuhof findet man die Marina Martinshafen am Jasmunder Bodden, wo der Hafenmeister einigen Wohnmobilen »Unterkunft« gewährt. Bezahlbare Plätze im Bereich der Ostsee zu finden ist wahrlich nicht einfach, aber möglich!

Ein Glas in der Hand und der Blick auf den Bodden beim Sonnenuntergang – herrliche Aussichten, die einen hier am kleinen Hafen von Sagard erwarten! Mit dem Fahrrad sind es gerade mal acht flache Kilometer bis nach Sassnitz. Selbst die »Tramper Wiek« mit ihrem wunderschönen Ostseestrand ist in gleicher Entfernung zu erreichen. Zugegeben, kann es hier am Hafen für Kinder etwas langweilig werden, denn Animation sucht man vergeblich.

Hundebesitzer und ihre Fellnasen hingegen finden hier ein kleines Paradies. Für Liebhaber der Fischküche ist Peters Fisch im drei Kilometer entfernten Polchow ein Muss. Fischgerichte in uriger Atmosphäre zu guten Preisen erwarten die großen und kleinen Gäste. Selbstverständlich gibt es auch Speisen, die nicht aus dem Meer stammen. Übrigens kann man im Fischladen gut einkaufen für den eigenen Grillabend. Besonders in der Vor- und Nachsaison genießt man hier eine ganz besondere Ruhe, um einfach mal die Seele baumeln zu lassen.

Stellplatz Marina Martinshafen · Neuhof 1 · 18551 Sagard
Tel. 038302/3141 · GPS 54°31'31" N, 13°30'50" E
5 Stellplätze · €5, in der Hauptsaison Juli/August €15
inkl. Strom, Ver- und Entsorgung sowie Dusche · ganzjährig geöffnet
Peters Fisch · Dorfstr. 38 · 18551 Glowe OT Polchow
Tel. 038302/78030 · www.peters-fisch.de
Öffnungszeiten Fischgeschäft Mo bis Sa 8–19 Uhr, So 12–18 Uhr,
Fischrestaurant Mo bis So 11:30–20 Uhr

Blick auf den Bodden vom Wohnmobil aus

Wer möchte es sich da nicht im Strandkorb bequem machen?

Yachthafen Mönkebude

06

Am Stettiner Haff, auf dem Weg zur polnischen Grenze, befindet sich kurz vor Ueckermünde der schöne Wohnmobilplatz am Yachthafen. Im Örtchen Mönkebude gehen die Uhren ein wenig langsamer. Am Abend kann man wunderbar den Blick auf das Haff genießen und dem Gesang der Wasservögel lauschen.

Nachdem man am Wohnmobilstellplatz angekommen ist, braucht man den Ort eigentlich nicht mehr zu verlassen. Einkaufsmöglichkeiten, Gastronomie, Strand: Alles wird man hier finden. Für Kinder gibt es einen Abenteuerspielplatz und viel Freiraum für eigene Aktivitäten. Das ehemalige Fischerdorf hat sich viel von seinem alten Charme und der Besinnlichkeit vergangener Tage bewahrt, sodass man sich hier richtig entspannen kann. Keine Durchgangsstraße stört die Ruhe und mit Hund oder Fahrrad ist man nach wenigen Metern am nordwestlichen Uferweg ganz für sich allein. Wer keine Lust hat sich selbst zu versorgen, hat bei einem Rundgang durch den Ort eine reiche Auswahl vom einfachen Imbiss bis zum schicken Restaurant. Besonders Fisch gibt es in allen Variationen und in einem guten Preis-Leistungs-Verhältnis. Eine ganz besondere Spezialität ist der Räucherfisch, also aufgepasst wenn der Ofen seinen wunderbar holzigen Duft-Qualm verbreitet.

Stellplatz Hafenblick · Am Hafen 20 · 17375 Mönkebude · Tel. 039774/290 71
www.moenkebude.de · GPS 53°46'19" N, 13°58'7" E
40 Stellplätze · ab €10 · inkl. Strom, Ver- und Entsorgung · für Wohnmobile über 8 m geeignet · von November bis März eingeschränkte Versorgung
Tourist-Info · Am Kamp 13 · 17375 Mönkebude · Tel. 039774/203 23
www.tourismusverein-moenkebude.de · ganzjährig geöffnet Mo bis Fr 9–16 Uhr, April bis September Sa 10–12 und 14–16 Uhr

07 Salzhaff Boiensdorf

Vor der Halbinsel Werder direkt am Ostseestrand findet man hier eine Oase der Ruhe, die zudem noch bezahlbar ist. Ein Kinderspielplatz und ein Strand mit Zugang für Hunde sowie ein Imbiss machen das Glück perfekt!

Auch wenn es noch Lücken in der Versorgung gibt, kann man zumindest in Stove, mit dem Fahrrad in zehn Minuten zu erreichen, an der Hauptstraße bei der Bäckerei Mirr leckere Backwaren erstehen und am Morgen sogar frische Brötchen holen. Am Abend hat man am Stellplatz ein bisschen das Gefühl von Ende der Welt und die Gemeinschaft der Wohnmobilbesatzungen grillt schon mal zusammen oder man sitzt auf ein Gläschen beisammen! Neben dem ungetrübten Badevergnügen darf man es nicht versäumen, die Halbinsel Werder mit dem Naturschutzgebiet zu umrunden. Wer es hat, möge sein Fernglas mitnehmen, um die brütenden Seevögel zu beobachten. Sitzt man vorne auf der Spitze, kann man wunderbar zu der Insel Poel, dem vorgelagerten Kieler Ort und der Halbinsel Wustrow blicken. Sehr schön ist die Fahrradroute entlang des Salzhaffs bis ins zehn Kilometer entfernte Rerik, wo man natürlich voll auf Tourismus eingestellt ist. Direkt an der Seebrücke gibt es sogar einen Hundestrand und man sieht die Steilküste. Es besteht dann die Möglichkeit, mit dem Schiff zurück nach Boiensdorf zu fahren und den Küstenblick vom Wasser aus zu genießen. Die letzten Abfahrten sind um 15:30 Uhr und die Familienkarte kostet für zwei Erwachsene mit zwei Kindern 37 Euro inklusive Fahrräder.

Mit dem Betrieb dieses Stellplatzes zeigt die Gemeinde Boiensdorf wie einfach es ist, den Wohnmobilreisenden glücklich zu machen. Auch wenn die Sommerzeit schon zu Ende geht ein lohnenswertes Ziel, um einfach die Natur zu erleben.

Stellplatz am Salzhaff · Zum Strand · 23974 Boiensdorf
rob121@web.de · GPS 54°1'27" N, 11°32'46" E
30 Stellplätze · €10 · Strom, Ver- und Entsorgung je €2 · ganzjährig befahrbar
Service nur in der Saison von Ostern bis Ende Oktober
Tourist-Info · Dünenstr. 7 · 18230 Rerik · Tel. 038296/78429
www.rerik.de · geöffnet Mo bis Fr 9–17 Uhr, Sa, So 13–16 Uhr

Zwei Perspektiven, die zeigen wie unterschiedlich die Eindrücke sein können.

08 Crivitzer See

Der CrivitzerSee ist ein typisches Flachwasser mit einer maximalen Tiefe von 2,20 Metern. Er ragt mit einer Halbinsel bis in die kleine Landstadt Crivitz. Direkt am Ufer heißt der Ort seine mobilen Gäste auf dem kleinen Wiesenplatz willkommen. Kinder und Hunde können hier ungestörte Freiheit genießen.

Der Crivitzer See ist ein Angelsee, kein Badesee. Der Wohnmobilstellplatz ist ein Teil der Festwiese. Umgeben von Wald ist es ein Platz zum Entspannen und Entschleunigen. Ein Spaziergang um den See ist ca. vier Kilometer lang und dauert etwa eineinhalb Stunden. Der Weg ist recht flach und ohne besondere Schwierigkeiten, daher auch für Menschen, die nicht so gut zu Fuß sind oder mit Kinderwagen, geeignet. Auf dem Weg um den See kommt man unweigerlich am Ort Crivitz vorbei. Ein Teil der Stadt ragt wie eine kleine Halbinsel in den See hinein. Die Innenstadt mit Kirche und Marktplatz sowie diversen Einkaufsmöglichkeiten lädt zu einem Aufenthalt ein. Unbedingt probieren sollte man bei einer Tasse Kaffee die Kuchenspezialitäten in der Konditorei

Butschat. Hier wird noch in alter Handwerkstradition alles selbt hergestellt. Nur 150 Meter entfernt vom Stellplatz ist das Gasthaus Seeblick mit regionalen Spezialitäten und deftiger Hausmannskost zu moderaten Preisen. Für Fahrradfahrer gibt es empfehlenswerte Routen in den Gädebehner Forst und zum Warnowtal oder in das Europäische Vogelschutzgebiet Lewitz. Ausführliche Tipps mit Wegbeschreibungen und Karten zu Wander- und Fahrradtouren sowie Wasserwanderwegen finden Sie unter www.traumziel-mv.de.

Der Bahnhof befindet sich auf der anderen Seeseite, fußläufig zum Stellplatz, und führt einen bequem zu einer Besichtigung nach Schwerin in die Landeshauptstadt Mecklenburg-Vorpommerns. Der Zug verkehrt stündlich und die Fahrzeit beträgt nur 32 Minuten. Die knapp 100 000 Einwohner zählende Stadt kann aufgrund ihrer kompakten Struktur wunderbar an einem Tag erkundet werden.

Wohnmobilstellplatz Crivitzer See · Weinbergstraße · 19089 Crivitz
www.amt-crivitz.de · GPS 53°34'54" N, 11°38'21" E
8 Stellplätze · €10 · inkl. Strom und Wasser · keine Entsorgung, bitte entsorgt anreisen
Tourist-Info Schwerin · Am Markt 14 · 19055 Schwerin · Tel. 0385/592 52 12
www.schwerin.de · geöffnet ganzjährig Mo bis Fr 10–17 Uhr, Sa 10–16 Uhr
Gasthaus Seeblick · Weinbergstr. 39 · 19089 Crivitz · Tel. 03863/22 23 75
direkt an der Marina mit wunderschönem Blick auf das Hafenbecken und den See
gutbürgerliche Küche zu guten Preisen · wer den Hafen verlässt, um zu speisen,
ist selbst schuld, denn andere kommen extra hierher!

Blick vom Stellplatz über den See

Besonders in den Seitenarmen der Elbe nisten viele Wasservögel.

Rüterberg

09

Unweit des Elbestroms und der berühmten Festung von Dömitz scheint die Welt noch in Ordnung. Wenn dann noch nette Stellplatzbetreiber gastfreundlich für Strom und frische Brötchen sorgen, kann eigentlich nichts mehr schiefgehen!

Am Elbehang des Rüterberges liegt versteckt hinter Kiefern und Dünen im idyllischen Ort diese Stellfläche für Wohnmobile aller Größen. 60 Meter entfernt verläuft der Elberadweg auf den Betonplatten des Kolonnenweges der ehemaligen deutsch-deutschen Grenze. In einem wundervollen Landschaftspanorama windet sich der Fluss in einem weiten Bogen durch die malerische Niederung. Lastkähne und Ausflugsdampfer schippern vorbei und der nächste Ort ist Dömitz. Hier findet man alle Geschäfte des täglichen Bedarfs und nette gastronomische Angebote.

Besondere Beachtung verdient die alte Festungsanlage aus dem 16. Jahrhundert. In der Form eines Fünfecks angelegt, mit Bastionen und Kasemattengewölben versehen, ist sie ein Beispiel für die eindrucksvolle Wehrarchitektur der Renaissance. Das gesamte Gebiet liegt im UNESCO-Biosphärenreservat Flusslandschaft Elbe. Dieses Schutzgebiet sorgt dafür, dass die beeindruckende Natur noch für viele Generationen erhalten bleibt.

Stellplatz Dorfrepublik · Ringstr. 2 · 19303 Dömitz-Rüterberg · Tel. 038758/208 13
www.wohnmobil-rueterberg.de · GPS 53°09′07″ N, 11°11′07″ E
10 Stellplätze · €7 · inkl. 2 Personen · Strom €2/24 Std.
Ver- und Entsorgung je €1 · Dusche €1 · Brötchenservice · ganzjährig geöffnet
Museum Festung Dömitz · Auf der Festung Dömitz · 19303 Dömitz
Tel. 038758/360 86 · www.festung-doemitz.de
geöffnet ganzjährig 10–16 bzw. 18 Uhr, Mo nur Juli und August
Familienkarte €12,50, Erwachsene €5,50

Insel Wangerooge aus der Luft
Der Hafen von Carolinensiel

10

Gulfhof Wittmund

Zwischen Wittmund und Harlesiel liegt an einer großen Hofanlage der private Stellplatz. Hier geht es sehr ländlich zu. Der kleine Fluss Harle und die nette Ortschaft Altfunnixsiel sind in mittelbarer Nachbarschaft. Hier führt ein Radweg bis an die Küste.

Im Hinterland der Siele steht man am Gulfhof von Familie Deutsch aus dem Jahr 1841 auf einer Wiese mit altem Baumbestand, der nicht störend ist. Familiär ist dann das Stichwort, denn genauso geht es auch unter den Wohnmobilisten zu.

Man trifft sich zum Grillen, man unterhält sich und alle achten darauf, dass alles ordentlich ist! Das ist irgendwie ganz anders als auf den Küstenplatten-Stellplätzen, die so gar kein Womo-Feeling aufkommen lassen wollen. Da nimmt man die 15 bis 20 Minuten auf einem sehr guten Radweg durch die Marschlandschaft bis Harlesiel gerne in Kauf. Im vorgelagerten Carolinensiel mit dem Hafen an der Harle kann man gut einen kleinen Einkauf machen oder bei Janssen's Fisch am Hafen etwas zum Grillen mitnehmen. Immer lohnenswert ist ein Tagesausflug auf die Insel Wangerooge. Eine Stunde die salzige Luft auf dem Wasser genießen, ist einfach herrlich, und auf der Insel ist der freiheitsliebende Wohnmobilist dann mit der Inselbahn flexibel und mobil.

Allen, die sich schon mal vorgenommen haben, dem neuen Trendsport Stand Up Paddling (SUP) zu frönen, sei ein Anschlussaufenthalt am Nordsee-Camping in Neuharlingersiel empfohlen. Der Vorteil ist, dass sich das Sportgerät vor Ort aufpumpen lässt, um dann später wieder klein im Gepäckraum zu verschwinden. Unter www.neuharlingersiel.de gibt es reichlich Informationen zum Camping und zur Surfschule Windloop. Daumen hoch!

Wohnmobilstellplatz Gulfhof · Funnixer Riege 11 · 26409 Wittmund
Tel. 0176/73463586 · www.funnixer-riege.de · GPS 53°38'31" N, 7°47'10" E
8 Stellplätze · €9 · inkl. Strom, Ver- und Entsorgung
auch große Wohnmobile sind von April bis November herzlich willkommen
Fähre Wangerooge · Hafen Harlesiel · 26409 Harlesiel
Tel. 04464/949411 · www.siw-wangerooge.de
Abfahrten ab 7 Uhr, Rückfahrten bis 19:30 Uhr
Familientageskarte €75, Erwachsene €27,60, Kinder (6–14 Jahre) €16,30

11 Kieselbucht Großheide

Außergewöhnlich unbekannt ist der kleine Stellplatz an einem Badesee am Ortsrand von Großheide zwischen Norden und Aurich. In der Nacht herrscht absolute Ruhe und Kinder sowie Hunde haben ihren Spaß beim Spielen am Wasser.

Dieser kostenlose Stellplatz eignet sich wunderbar für eine Zwischenübernachtung, vor allem wenn auch Kinder oder Hunde an Bord sind. Man steht fast direkt am Badestrand des kleinen Kiessees mit seinem herrlich sauberen und klaren Wasser. Die Gassirunde führt Herrchen einmal um den See, während die Kinder sich mit der Mutter für eine Abkühlung in die Fluten stürzen. So oder so ähnlich könnte es aussehen. Wenn dann am nächsten Morgen keiner weitermöchte, macht nichts, bleibt man einfach! Das ist eben die wohnmobile Freiheit! Die Versorgung im Supermarkt mit Bäcker und Metzger ist fußläufig erreichbar, sodass keine Engpässe entstehen. Am Abend geht es ein Stück weiter des Weges bis zum Markt zur Pizzeria Italia, da kann man die gesparte Stellplatzgebühr in lecker Essen eintauschen!

Stellplatz an der Kieselbucht · Kruisweg 3 · 26532 Großheide
www.grossheide.de · GPS 53°35'14" N, 7°21'56" E
6 Stellplätze · kostenlos · ohne Strom, Ver- und Entsorgung
gut befestigter Untergrund · ganzjährig nutzbar für Wohnmobile aller Größen
Pizzeria Italia · Am Markt 6 · 26532 Großheide
Tel. 03691/43 33 · www.italia-grossheide.de
geöffnet Mo bis Do 17–23 Uhr, Fr bis So und feiertags 12–23 Uhr · Pizza von €3 bis €10, Fleischgerichte, Pasta und Salate zu fairen Preisen · sehr netter Eigentümer

Das Ostfriesland Museum in Großheide

12 Stoteler See

Der Stoteler See ist ein ca. 30 Hektar großer Bade- und Angelsee und liegt etwa einen Kilometer vom Ortszentrum entfernt. Der Ort Stotel ist nicht besonders aufregend, Loxstedt ist etwa acht Kilometer entfernt, und so hält den Wohnmobilisten nichts davon ab einen »Nichts-tu-Tag« einzulegen.

Der Platz liegt abseits unter Bäumen und die Natur fängt vor der Wohnmobiltür an. Acht Kilometer Weserufer, teilweise mit Sandstränden, bieten sich für einen perfekten Wassertag mit Kindern, Hund oder Wasserfahrzeug an. Eine ganz entspannte Fahrradtour führt durch das flache Land auf den Loxstedter Sagenwegen mit Picknickmöglichkeiten vorbei an Reetdach-gedeckten Katen, Pferdeweiden und Moorlandschaften. Auf dem sehenswerten

Hof der Eheleute Hancken kann man sein Milchdiplom machen. Der Hof in der Wiemsdorfer Dorfstr. 4 im OT Wiemdorf wurde 1638 als typisches Reetdachhaus errichtet und steht heute unter Denkmalschutz. Eine Infotafel am Platz informiert über die Wanderwege am und um den See. Ausführliche Tipps zu möglichen Freizeitaktivitäten finden Sie unter www.tourilox.de.

Mit dem Loxstedter Wohnmobilstellplatz bietet die Gemeinde nicht mehr und nicht weniger, als ihre mobilen Gäste kostenlos bei ihnen zu Gast sein zu lassen Es gibt auch keine Anstrengungen, dies ändern zu wollen. Das »Haus am See« bietet regionale Spezialitäten zu angemessenen Preisen und am Ortsende kann man sich beim örtlichen Supermarkt versorgen.

Unweit des Sees befindet sich auch ein großer Handelsplatz sowohl für neue als auch für gebrauchte Wohnmobile.

Wohnmobilstellplatz am Stoteler See · Schulstr. 75 · 27612 Loxstedt-Stotel
Tel. 04744/480 · www.loxstedt.de · GPS 53°26'27" N, 8°35'38" E
5 Stellplätze · kostenlos · es gibt keinen Strom und keine Ver- und Entsorgung
den Platz kann man ganzjährig anfahren · in direkter Seelage
die maximale Aufenthaltsdauer beträgt zwei Tage

In der Bildmitte das Haus am See mit dem Stellplatz

13 Paddel & Pedal Rhauderfehn

Der Name ist Programm! Umgeben von Deichen liegt Ostfriesland weitestgehend unterhalb des Meeresspiegels. Es ist durchzogen von Kanälen und flach wie eine Tortenplatte.

Apropos Torten: Vor dem Stellplatz befindet sich das Café am Siel. Ein »zuckersüßes«, liebevoll eingerichtetes Café mit Außenterrasse. Alle Kuchen und Torten werden frisch und in Handarbeit zubereitet. Morgens gibt es von der Tasse Kaffee bis zum reichhaltigen Schlemmerfrühstück alles, um gut in den Tag zu starten. Bei schlechtem Wetter und im Winter können Sie sich bei Kerzenschein am Kamin mit einem ordentlichen Friesischen Tee aufwärmen.

Vom Stellplatz aus kann man direkt mit dem Kanu eine Bergab- oder Bergauf-Tour starten. Geführte Kanutouren werden ebenfalls angeboten. Wer nicht auf dem Wasser unterwegs sein möchte, macht vielleicht einen Ausflug mit dem Rad auf einer der zahlreichen Fahrradrouten, z. B. auf der »Deutschen Fehnroute« oder der »Moor Erlebnistour«. Ein Spaziergang durch die Wiesen- und Heckenlandschaft entspannt und entschleunigt ganz herrlich. Hunde sind sehr willkommen, wenn sie nicht jagen!

Der Ort Westrhauderfehn ist in wenigen Minuten zu Fuß erreicht. Alle Geschäfte des täglichen Bedarfs und weitere Gastronomie sind hier vorhanden. Ein Besuch des Rhauderfehner Fehn- und Schifffahrtsmuseums bietet sich auch mit Kindern an, ebenso wie ein Spaziergang zur Mühle in Rhaude. Der gesamte Ort strahlt ein wenig von der ostfriesischen Ruhe und Gelassenheit des hohen Nordens aus, welches sich auch in der Gastfreundschaft seiner Einwohner widerspiegelt.

Stellplatz am Kanal »Rote Riede« · Am Sief 6a · 26817 Rhauderfehn
Tel. 04952/92 14 41 · www.cafe-rhauderfehn.de · GPS 53°08'19" N, 07°35'14" E
16 Stellplätze · €8 für 24 Stunden · Strom €1 für 8 Std. · 100 Liter Frischwasser €1
Dusche und WC €1,50 · Entsorgung kostenlos · mit Schotterrasen
rund um die Uhr, ganzjährig, anzufahren · eine Reservierung ist möglich

Kanalschleuse am kleinen Hafen
Sehenswert – das Fehn- und Schifffahrtsmuseum

14 Lathener Marsch

Für Wasserratten, Angler, Radfahrer, Hundebesitzer, Wanderer und Langschläfer ein super Platz: Mitten im Grünen, an der Ems gelegen, befindet sich das Hotel Lathener Marsch mit einem Campingplatz und einem Wohnmobilstellplatz.

Dazu gehören ein Angelteich und ein Badeteich. Mit etwas Glück kann man unter schattenspendenden Bäumen noch einen Platz mit »Seeblick« ergattern. Auf dem Stellplatz selbst befindet sich ein kleines Sanitärgebäude mit Dusche und WC. Zur Hotel-Gaststätte gehört eine hübsche Gartenterrasse. Die Speisekarte ist regional gehalten und bietet sowohl kleine Snacks als auch gehobene Gastronomie. Probieren Sie doch mal die Lathener Schwarzbrotsuppe mit Bauernschinken für 4,50 Euro oder den Buchweizenpfannkuchen mit Lachs und Crème Fraîche für 8,80 Euro. Selbstverständlich bietet die Küche auch fangfrischen Zander und andere Köstlichkeiten an.

Der Ort Lathen ist etwa einen Kilometer entfernt und somit fußläufig gut zu erreichen. Hier befinden sich alle Geschäfte für den täglichen Einkauf (Drogerie, Lebensmittel etc.). Nach dem Einkauf können Sie sich in einem der Eiscafés rund um den Marktplatz ein leckeres Eis oder einen Cappuccino gönnen.

Zu den sicherlich reizvollsten Freizeitaktivitäten im Emsland gehört das Radfahren. 43 Radrouten starten in und um Lathen und führen sozusagen am Wohnmobilstellplatz vorbei. Nähere Informationen finden Sie unter www.outdooractive.com/de/radrouten/lathen

Mit Kindern sollten Sie die Mini Wunderwelt Lathen besuchen. Auf 260 Quadratmetern zeigt der Playmobilspielzeugsammler Jürgen Eden rund 3000 Figuren und 300 Fahrzeuge.

Stellplatz Lathener Marsch · Marschstr. 4 · 49762 Lathen · Tel. 05933/93 45 10
www.camping-lathen.de · GPS 52°51′31″ N, 7°18′13″ E
50 Stellplätze · €11,50 für die erste Nacht inkl. €2,50 Essensgutschein, jede weitere €9
Strom kostet pauschal €2,50 · Dusche €1 · Ver- und Entsorgung €1
Hunde sind erlaubt und es gibt einen Brötchenservice · der ganzjährig geöffnete Platz liegt am gleichnamigen Hotel in einer bewaldeten Landschaft
alles sehr gerade und mit Rasengittersteinen befestigt · für Wohnmobile aller Größen
Gäste Informations Service · Große Str. 3 · 49762 Lathen · Tel. 05933/66 47
geöffnet Mo bis Fr 9–13 und 14–17 Uhr · www.sg-lathen.de

Wohnmobil-Idylle pur
Wer kann da schon nein sagen?

15 Thedinghausen an der Weser

Das Schloss Erbhof – die Perle der Weserrenaissance – wurde vor ca. 400 Jahren vom Bremer Erzbischof Johann Friedrich von Holstein-Gottorf für seine Geliebte erbaut.

Auch wenn diese Liebesgeschichte ein trauriges Ende nahm – heute können Sie sich das Ja-Wort in den historischen Räumlichkeiten geben! Der angrenzende elf Hektar große Baumpark mit einheimischen und exotischen Bäumen lädt zu einem ausgiebigen Spaziergang (Hunde erlaubt) ein.

Vom Stellplatz aus ist man in zwei Minuten in der historischen Altstadt. Ein drei Kilometer langer Rundweg, die »Thanhäuser Löwenspur« führt den Besucher durch den Ort zu allen Sehenswürdigkeiten. In der Braunschweiger Straße laden Geschäfte und Gaststätten zum Verweilen ein.

Radweg entlang dem Ufer der Eyter

Erkunden Sie auf einer der zahlreich ausgeschilderten Radtouren die Umgebung mit ihren Speichern, Seen, Galerieholländer-Windmühlen und kehren Sie in einem der zahlreichen Cafés, Hofläden und Restaurants am Wegesrand ein.

Wer nicht sportlich unterwegs sein möchte, kann eine Fahrt mit der Museumseisenbahn »Pingelheini« machen oder sich mit der »Flotten Weser« über das Wasser schippern lassen.

Die schöne Wesermarschlandschaft ist geprägt von Wiesen und blühenden Rapsfeldern an den Ufern der Flüsse Eyter und Weser – ein Traum für ausgedehnte Spaziergänge.

Abschließend müssen natürlich noch die hervorragenden Fahrradwege, die direkt am Stellplatz starten, erwähnt werden.

Stellplatz am Schloss · Braunschweiger Str. 1 · 27321 Thedinghausen
Tel. 04204/88 22 · www.schloss-erbhof.de · GPS 52°57′41″ N, 9°1′55″ E
8 Stellplätze · €5 · Strom €1 für 6 Std. · Frischwasser €1 für 100 Liter
Entsorgung Wasser/WC kostenlos · Hunde erlaubt (auch im Schlosspark)
Hier ist gleichzeitig die **Tourist-Info** von Thedinghausen · geöffnet Mo, Mi, Fr 9–13 und
Di, Do 9–16 Uhr · Wissenswertes auch unter www.thedinghausen.de

Im Grünen sonnen sich die Wohnmobile.

16 Fischerstädtchen Haren

Haren ist ein typisch emsländisches Fischerstädtchen mit holländischem Einschlag und gleich zwei Yachthäfen. Der Stellplatz liegt an der »Kreuzung« von Ems und Haren-Rütenbrock-Kanal.

Der Haren-Rütenbrock-Kanal ist ein Zusammenschluss von Ems und Dortmund-Ems-Kanal. Er ist die einzig schiffbare Verbindung zwischen Rhein und Nordsee. Zwei Yachthäfen und zahlreiche Wasserwege bieten Yacht- und Sportbootkapitänen fast unendliche Möglichkeiten. Das flache Land und die grünen Wiesen sind aber auch das ideale Revier für Radfahrer, Spaziergänger und Müßiggänger.

Der Ort liegt unmittelbar an der niederländischen Grenze, 16 Kilometer von Meppen und 42 Kilometer von Papenburg entfernt. Auch das Stadtbild ist ein bisschen »holländisch«: Kleine reetgedeckte Häuschen und Katen, Cafés und kleine Geschäfte laden zum Bummeln und Verweilen ein. Selbstverständlich gibt es neben allen Geschäften des täglichen Bedarfs auch einen Discounter am Ortsrand.

An Gaststätten mangelt es ebenfalls nicht. Ein wirklich authentisches Gasthaus mit einer herrlichen Sonnenterrasse befindet sich in der Rütenbrocker Hauptstraße: das Kocks-Geers. Fleisch oder Fisch, alles kommt hier frisch aus der Region. Fußläufig sind das Freilichtschifffahrts- und das Mühlenmuseum zu erreichen. Beide sind sehr gut auf alle Altersklassen eingestellt. Ebenfalls eine kleine Wanderung ist das 3,9 Kilometer entfernte Schloss Dankern wert. Der große Freizeitpark ist ein wahres Kinderparadies, welches auch bei schlechtem Wetter für Freude sorgt.

Wohnmobilstellplatz Haren an der Ems am Emsufer · Schleusenstr. 7 · 49733 Haren
Tel. 05932/71313 · www.haren.de · GPS 52°47'22" N, 7°14'50" E
20 Stellplätze · kostenlos · auf einer ebenen Wiese mit Rasengittersteinen
der Platz hat keinen Service
Alternativ kann man für €10 am 800 m entfernten **Yachthafen** stehen
hier gibt es Strom, Ver- und Entsorgung, Dusche und WC · die 3 Stellplätze liegen
in unmittelbarer Nähe zur Bundesstraße 408 · GPS 52°47'7" N, 7°14'45" E
Tourist-Info Haren · Neuer Markt 3 · 49733 Haren · Tel. 05932/71313
Öffnungszeiten Juni bis September Mo bis Fr 8:30–13 Uhr und 14–16 Uhr, Sa 10–13 Uhr,
Oktober bis Mai Sa geschlossen

Stellplatz am Ufer der Wasserstraße
Schloss Dankern hat viel zu bieten.

Hier gehen die »Landkapitäne« vor Anker.
Die Brücke am Hafen von Barßel

Hafen von Barßel

17

Der Stellplatz ist in zwei Bereiche geteilt. 14 Wohnmobile positionieren sich direkt am Hafenbecken mit Wasserblick und der andere Teil mit weiteren 18 Plätzen liegt auf der gegenüberliegenden Straßenseite im Grünen.

Die Wege sind kurz, sowohl in den idyllischen Ort Barßel als auch in die Natur. Neben dem Platz legt das Fahrgastschiff »MS Spitzhörn« zu einer gemütlichen Schifffahrt durch die Flusslandschaft ab und auch das alte Museumsschiff »Angela von Barßel« liegt dort vor Anker. An Bord des Oldtimers können Jung und Alt das »Klabautermann-Patent« ablegen, ein großer Spaß! Über 60 Kilometer Flussläufe und Kanäle durchziehen diesen Landstrich und bieten Anglern, Radfahrern und Spaziergängern jede Menge Freizeitmöglichkeiten. Wer mehr über die Kultur und Geschichte dieser Region wissen möchte, ist im zwei Kilometer entfernten Moor- und Fehnmuseum am Elisabethfehnkanal richtig gut aufgehoben. Neben einer Ausstellung wird das Museum durch einen Moorlehrgarten und ein 1,5 Hektar großes Außengelände mit alten Gerätschaften und Maschinen ergänzt. Hier haben auch Kinder ihren Spaß.

Der ca. 1,7 Kilometer kurze Weg zur Ebkenschen Mühle lohnt sich ebenfalls. Die Mühle kann nach Anmeldung besichtigt werden (Informationen und Buchungen unter 04499/935 87 60 oder 0174/420 04 25). Oder man besucht die historische Kornbrennerei in ca. vier Kilometer Entfernung. Wer nicht zu Fuß gehen will, radelt auf einer der vielen schönen Fahrradrouten durch das flache Land und genießt!

In und um Barßel mangelt es nicht an Gastronomie. Von Pizza, Döner oder asiatischen Gerichten bis zum gediegenen Fischrestaurant kommt hier jeder zu seinem Lieblingsessen.

Wohnmobilhafen Barßel · Deichstr. · 26676 Barßel · Tel. 0174/545 97 34
Frau Weerts · www.barssel.de · GPS 53°10'5" N, 7°44'0.0" E
32 Stellplätze · insgesamt €6 Gebühr · inkl. Ver- und Entsorgung · Strom 50 Cent/kWh
Dusche €1 extra · kostenloses WLAN und bei Bedarf sogar Waschmaschine und Trockner
der Untergrund ist eben auf Wiese mit Rasengittersteinen
Frau Weerts ist die Hafenmeisterin und hält auch Informationen für weitere Ausflüge bereit

18 Hohnstorf an der Süderelbe

Selten hat man so einen grandiosen Flussblick von einem Wohnmobilstellplatz aus. Die andere Elbseite und das sehenswerte Lauenburg lassen sich über die Brücke bequem zu Fuß oder mit dem Fahrrad erreichen. Das Biosphärenreservat Elbtalaue ist ein Traum!

Wenn die Möwen morgens über der Elbe kreisen und die Lastschiffe vorbeiziehen, man gemütlich im Stuhl sitzend seinen ersten Kaffee genießt, hat man das Gefühl, als ob Salzgeschmack in der Luft liegt. Dort wo Elbe-Lübeck-Kanal und der Fluss aufeinandertreffen, liegt die berühmte Elbstraße von Lauenburg. Nachts geht der Verkehrsbetrieb gen null und es kann ruhig geschlafen werden, bevor es zugegebenermaßen am Tage schon turbulenter wird. Aber den Tag nutzt man ja dann für einen Ausflug in die nahen Elbtalauen, ein wunderbares Fahrradrevier. Auf jeden Fall sollte man den Weg in die alte Schifferstadt Lauenburg antreten. Die südlichste Stadt Schleswig-Holsteins mit ihren bunten Fachwerkhäusern, den historischen Dampfschiffen und dem Schloss mit Fürstengarten aus der Zeit der askanischen Herzöge ist in jedem Fall sehenswert! Beim Spaziergang über das Kopfsteinpflaster durch die kleinen Gassen und Treppen von der Altstadt zur Oberstadt werden vergangene Zeiten wieder lebendig. Lokale wie das alte Schifferhaus oder die Schiffbörse sprechen schon von Weitem ein leises »Komm herein«: Es wird schmecken und gefallen. Wenn man dann den Abend vor dem Wohnmobil ausklingen lässt, wird sich ein Gefühl der Zufriedenheit einstellen.

Stellplatz am Elbeufer · Schulstr. 1 · 21522 Hohnstorf · Tel. 04139/5661
www.hohnstorf.de · GPS 53°21'45" N, 10°33'46" E
10 Stellplätze · €8 · Strom €1 für 10 Std. · Frischwasser €1
Entsorgung kostenlos · ganzjährig nutzbar
Tourist-Info · Elbstr. 59 · 21481 Lauenburg
Tel. 04153/5909220 · www.lauenburg-tourismus.de
geöffnet Mo bis Fr 10–17 Uhr, Sa, So 10–15 Uhr

Mit dem alten Raddampfer auf nostalgischer Elbetour

19 Wildeshausen

Unweit des kleinen Flüsschens Hünte und nah der A 1 am naturnahen Ortsrand von Wildeshausen befindet sich der schön angelegte Wohnmobilplatz. Für Kinder gibt es einen netten Spielplatz und das Krandelbad liegt nur einen Steinwurf entfernt.

Die Innenstadt sowie der Bahnhof sind fußläufig erreichbar und der kleine kompakte Kern bietet alles, was der moderne Mensch so braucht. Schon bei der Zufahrt zum Stellplatz ist man wenige Hundert Meter zuvor am griechischen Restaurant Athen vorbeigekommen. Der schöne Biergarten, die authentische Küche und Gastlichkeit laden zum Verweilen ein. Übrigens ist Wildeshausen ein guter Ausgangspunkt für einen Tagesausflug nach Bremen.

Stressfrei bringt einen die Regionalbahn stündlich in nur 38 Minuten an den Hauptbahnhof. Wir haben mit unseren Nachbarn das Niedersachsen-Ticket genutzt und nur 39 Euro für vier Personen bezahlt. Ein toller Tipp, der einen stressfreien Stadtbesuch garantiert! Für Wasserratten bietet das benachbarte, ganzjährig geöffnete Krandelbad mit seinem großen Angebot an Innen- und Außenbecken bei jedem Wetter eine willkommene Abwechslung. Durch die Wildeshausener Geest gibt es einige schöne Fahrradrouten und mit Hunden ist man ebenfalls schnell im Grünen.

Stellplatz Am Krandel · Am Krandel · 27793 Wildeshausen
www.wildeshausen.de · GPS 52°54'1.3" N, 8°25'38" E
19 Stellplätze · €5 · inkl. Strom · Frischwasser €1
Entsorgung kostenlos · ganzjährig nutzbar auch für große Wohnmobile
Tourist-Info · Am Markt 1 · 27793 Wildeshausen
Tel. 04431/65 64, www.wildeshausen.de
geöffnet April bis September Mo bis Fr 9–12 Uhr und 14–18 Uhr, Sa 10–12 Uhr,
die übrige Zeit Mo bis Fr 9–12 Uhr und 14:30–17:30 Uhr

Trotz Autobahnnähe ein ruhiges Plätzchen für die Nacht

20 Waldwinkel Bramsche

Auf einem großzügig angelegten Gelände kommen hier die Wohnmobile nahe einem See und mit Blick auf das Wiehengebirge entspannt unter. Fahrrad- und Wanderwege starten direkt vor der Wohnmobiltür und das Restaurant vom Campingplatz befindet sich gleich nebenan.

Zu jeder Jahreszeit einfach mal ein paar Tage ausspannen ist hier angesagt. Mitten im Grünen, ohne störende Verkehrsgeräusche, ist vor dem schönen Campingplatz Waldwinkel eine ruhige Zeit garantiert. Kinder können ungestört spielen, das Wandergebiet und der nahe Mittellandkanal mit seinem gut ausgebauten Radweg laden zu sportlichen Aktivitäten ein. Die Stellplätze sind riesig und es stellt sich schnell echtes Campingfeeling ein. Ob Brötchenser-

vice, Seespielplatz oder Landgasthof im alten Dreschhaus, hier ist alles vor Ort und kann gerne genutzt werden. Ganz in der Nähe befinden sich der interessante Archäologische Park und das Museum Kalkriese. Hier erlebt man die Geschichte der Varusschlacht, die im 9. Jahrhundert n. Chr. zwischen Römern und Germanen ausgetragen wurde, hautnah. Es gibt spannende Veranstaltungen oder Mitmachaktionen für Kinder, sodass man hier den ganzen Tag verbringen kann.

Stellplatz Waldwinkel · Zum Dreschhaus 4 · 49565 Bramsche
Tel. 05468/93 82 35, www.bramsche.de/staticsite/staticsite.php?menuid=56&topmenu=6
GPS 52°23′45″ N, 8°6′9″ E · 60 Stellplätze · €9 · Strom €2/Tag · Frischwasser €1
Dusche €1 · Entsorgung kostenlos · ganzjährig nutzbar auch für große Wohnmobile
Museum und Park Kalkriese · Venner Str. 69 · 49565 Bramsche
Tel. 05468/920 40, www.kalkriese-varusschlacht.de
täglich geöffnet 10–18 Uhr, Familienkarte €20

Am Mittellandkanal gibt es immer was zu sehen!

Der kostenlose Stellplatz am Bürgerpark
Der wunderschöne Marktplatz im Abendlicht

21

Bürgerpark Braunschweig

Oft verkannt, hat Braunschweig mit der schönen Altstadt wirklich viel zu bieten. Der Stellplatz an der grünen Lunge Bürgerpark gewährleistet trotz Straßennähe eine ruhige Nacht. Auch Kinder und die vierbeinigen Begleiter werden sich wohlfühlen.

Mal ganz ehrlich, wer würde bei dem Wunsch mal wieder einen Städtetrip zu starten, auf die Stadt Braunschweig kommen? Ich sage nur eins: Man sollte es riskieren und sich eines Besseren belehren lassen! Mit 250 000 Einwohnern ist Braunschweig die größte Stadt zwischen Hannover und Berlin. Gegründet von Heinrich dem Löwen, wurde die Stadt über die Jahrhunderte von den Welfen und der Hanse geprägt. Der Stellplatz am Bürgerpark befindet sich südlich der wunderschönen Altstadt mit ihren charakteristischen Gebäuden im Michaelisviertel um den Dom, das Schloss und den Altstadtmarkt. Wer auf Oldtimer steht, kann in den Monaten April bis September jeweils samstags eine Stadtrundfahrt mit einem Bus von 1965 der Firma Büssing buchen. Der Anderthalbdecker wurde selbstverständlich hier gebaut, da Büssing seinen Sitz in Braunschweig hatte. Einen Stadtspaziergang durch die 1000 Jahre alte Löwenstadt kann man entlang der Schilder auf eigene Faust machen und diesen natürlich nach Belieben unterbrechen. Besonderes Augenmerk verdienen auch die alten Stadttore. Angenehm ist, dass man vom Stellplatz zu Fuß durch den grünen Bürgerpark bis in die Altstadt gehen kann. Durch den Park selbst fließt die Oker und am Portikusteich kann man herrlich entspannen.

Sommer wie Winter finden viele Märkte und Aktionen statt. Über die Homepage der Touristeninfo kann man sich sehr gut über kommende Veranstaltungen informieren. So kann es durchaus schon mal voll werden am Stellplatz. Denn – wie erwähnt, Braunschweig hat was zu bieten!

Stellplatz am Bürgerpark · Theodor-Heuss-Str. · 38122 Braunschweig
www.braunschweig.de · GPS 52°14'60" N, 10°31'9.7" E
16 Stellplätze · €5 · Strom €1 für 8 Std. · Frischwasser €1
ganzjährig nutzbar auch für große Wohnmobile · maximaler Aufenthalt 2 Tage
Tourist-Info · Kleine Burg 14 · 38100 Braunschweig
Tel. 0531/470 20 40 · www.braunschweig.de
geöffnet ganzjährig Mo bis Fr 10–18 Uhr, Sa 10–16 Uhr, Mai bis Septenber So 10–12 Uhr

22 Rio Gande Bad Gandersheim

Besser zweimal lesen, denn nicht der Grenzfluss zwischen Mexiko und Texas, der Rio Grande, sondern die Gande am grünen Kurpark von Bad Gandersheim ist hier gemeint. In dieser angenehmen Nachbarschaft kommen auch die Wohnmobile unter.

Es geht fußläufig in die kleine Innenstadt und Manfred Ahrens ist die Seele des Platzes, der auf alles ein wachsames Auge wirft. Am Info-Schaukasten sieht man sehr schön, wie nah alles beieinander ist. Unter anderem kann man mit dem Fahrrad direkt auf den Skulpturenweg nach Lamspringe starten oder entlang dem Kurpark zum Mineral-Sole-Hallenbad fahren.

Die 12 Kilometer lange Strecke von hier nach Lamspringe verläuft auf einer stillgelegten Bahntrasse und somit eignet sie sich auch gut zum Skaten oder für kleine Kinder. Die landschaftlich wunderschöne Route wird von Skulpturen des Bildhauers Leo Kornbrust gesäumt, die von Zeit zu Zeit auf einen Stopp einladen. In Brunshausen kreuzt man das alte Kloster und die malerische Ortschaft Heberbörde lockt mit einem kleinen Café. In Lamspringe selbst ist natürlich mehr geboten, sodass man den Ausflug auch als bequeme Ganztagesrunde gestalten kann. Wer gern mal den Wanderrucksack aufschnallt, erhält an der Tourist-Info einen umfangreichen Rundwanderführer mit Strecken von 2,5 bis 20 Kilometer Länge. Überhaupt ist die Stadt sehr um ihre Gäste bemüht und hält noch weitere Angebote bereit. So kann man an kostenlosen Führungen teilnehmen oder sich vom Nachtwächter von der Dämmerung in die Dunkelheit leiten lassen. Wer an noch älterer Geschichte interessiert ist, dem sei »Roms vergessener Feldzug« mit der Schlacht am Harzhorn empfohlen. In der Nähe des Dorfes Harrieshausen liegt die Fundstätte des römisch-germanischen Schlachtfeldes aus der Zeit um 235 n. Chr. Genauere Infos finden Sie unter www.roemerschlachtamharzhorn.de.

Wohnmobilstellplatz Rio Gande · An der Wiek · 37581 Bad Gandersheim
Tel. 0173/3544784 · Herr Ahrens · www.bad-gandersheim.de
GPS 51°52'17" N, 10°1'14" E
24 Stellplätze · €7 · inkl. Kurtaxe für alle Personen
Strom 50 Cent/kWh · Frischwasser 50 Cent · Ver- und Entsorgung an Sani-Säule
Tourist-Info Bad Gandersheim · Stiftsfreiheit 12 · 37581 Bad Gandersheim
Tel. 05382/73700 · geöffnet Mo bis Fr 9–16 Uhr

Die Fachwerkkulissen entlang der Innenstadt

Auch bei Nässe gut befestigt

Die Qual der Wahl: ein Stellplatz umgeben von Natur ...
... oder mitten in der wunderschönen Altstadt

Blumberger Mühle/ Angermünde

23/24

Hier hat man die freie Wahl: Wohnmobilübernachtung in freier Natur direkt am NABU-Center oder drei Kilometer weiter in Angermünde an der Stadtmauer. Beide Plätze sind kostenfrei und jeder bietet dem Wohnmobilisten das Seine!

Im schönen Angermünde, in der Uckermark am Mündersee gelegen, haben wir die Qual der Wahl zwischen zwei kostenlosen Stellplatzangeboten: außerhalb am NABU-Naturerlebniszentrum Blumberger Mühle oder mittendrin an der Stadtmauer der Altstadt. Die Entscheidung hängt natürlich auch von den Wünschen der individuellen Freizeitgestaltung und der Zusammensetzung des Wohnmobil-Reiseteams ab.

Die Altstadt mit der zum Teil sehr gut erhaltenen Stadtmauer und den wunderschönen Fachwerkbauten ist sehenswert und lädt mit ihren Geschäften sogar zum Bummeln ein. Besonders am Abend gibt es gemütliche Gasthäuser, die man auch zu später Stunde schnell und bequem vom Wohnmobil an der Stadtmauer aus erreicht. Nicht zu vergessen der nahe Mündersee, den man mit dem Fahrrad oder zu Fuß komplett umrunden kann.

Wer es naturnah mag und z. B. mit Kindern eines der vielen Angebote des NABU-Centers in Anspruch nehmen möchte, ist an der Blumberger Mühle bestens aufgehoben. Hier kann man am Abend im Grünen grillen oder tagsüber eine Stärkung im Restaurant »Zum grünen Wunder« bekommen. An den nahe gelegenen Fischteichen kann man sehr schön spazieren gehen und auch Hunde sind hier gut aufgehoben. Der Zugverkehr der benachbarten Gleise ist sehr gering und nicht störend.

Stellplatz Blumberger Mühle · Blumberger Mühle 2 · 16278 Angermünde
Tel. 03331/260 40 · www.blumberger-muehle.de · GPS 53°2'8" N, 13°57'57" E
5 Stellplätze · kostenlos · keine Ver- und Entsorgung · ganzjährig nutzbar
direkt am NABU Center Angermünde-Kerkow

Stellplatz an der Stadtmauer · Oberwall · 16278 Angermünde
Tel. 03331/29 76 60 · www.angermuende-tourismus.de · GPS 53°0'54.4" N, 14°0'13" E
5 Stellplätze · kostenlos · Strom € 1 für 2 kWh · Frischwasser € 1
keine Entsorgung · von April bis November auf einem befestigten Parkplatz
an der Stadtmauer in unmittelbarer Nähe der Altstadt

NABU Erlebniszentrum · Blumberger Mühle 2 · 16278 Angermünde
Tel. 03331/260 40, www.blumberger-muehle.de

25 Steintherme Bad Belzig

Südwestlich von Potsdam liegt der Kurort Bad Belzig mit seiner historischen Altstadt. Der Stellplatz liegt direkt am Kurpark mit einem schönen See und befindet sich in Gehweite zur Steintherme sowie zur Innenstadt.

Der Ort mit seiner mehr als 1000-jährigen Geschichte und der Burg Eisenhardt aus dem 15. Jahrhundert positioniert seine mobilen Gäste sehr schön am Rand des Kurparks unmittelbar am Thermalbad. Vom Stellplatz gelangt man direkt ins Grüne der umliegenden Wälder des Naturparks Hoher Fläming. Die Altstadt mit ihren verwinkelten Gassen und historischen Bürgerhäusern lässt sich wunderbar zu Fuß erkunden, auch werden verschiedene Führungen angeboten. Neben der Gastronomie in der Therme ist der

Burg Eisenhardt aus dem 15. Jahrhundert

Alte Brauhof zu empfehlen. Regionale Speisen wie die Spreewaldroulade für 9,80 Euro bekommt man nicht jeden Tag. Eine riesige Auswahl an Fahrradwegen bietet die kostenlose Broschüre, die man an der Tourist-Info erhält. Für Familien mit Kindern sei noch erwähnt, das es unterhalb vom Kurpark ein tolles Freibad gibt, in dem entsprechend getobt werden kann.

Übrigens ist man mit dem Zug in nur 50 Minuten in Potsdam! Vom Bahnhof Bad Belzig geht es stündlich in das Versailles des Ostens. Mit dem Gruppenticket fahren dabei fünf Personen zum Preis von 29 Euro. Vielleicht findet man am Stellplatz interessierte Mitfahrer für einen entspannten Tagesausflug.

Stellplatz an der Steintherme · Am Kurpark 15 · 14806 Bad Belzig
Tel. 03384/13 87 99 10 · www.bad-belzig.de · GPS 52°9'5" N, 12°35'54" E
12 Stellplätze · €9 · Strom €1 für 6 Std. · Frischwasser €1 · Entsorgung kostenlos
ganzjährig nutzbar · auf Rasengittersteinen · auch für große Wohnmobile
Gasthaus Alter Brauhof · Straße der Einheit 16 · 14806 Bad Belzig
Tel. 033841/322 30 · geöffnet Mo 15–23 Uhr, Di bis Fr 8–23 Uhr,
Sa 10–23 Uhr und So 10–15 Uhr · Speisen ab €5
Tourist-Info · Marktplatz1 · 14806 Bad Belzig
ganzjährig täglich geöffnet 10–15 Uhr, Mo bis Fr 10–17 Uhr

Der Stellplatz am Kurpark

Zwiebelkuchenfest in Oberkrämer

Schloss Oranienburg ist nur 9 km entfernt.

Oberkrämer

26

In oder am Rand von Berlin einen Stellplatz unter 10 Euro zu finden ist gar nicht einfach, aber möglich. Denn in Schwante bei Familie Plentz ist man an deren Bäckerei willkommen. Im südlich gelegenen Wald kann man sogar bis Schloss Schwante spazieren.

Ganzjährig kann man hier für zwei Tage nächtigen und einen Ausflug nach Berlin planen, denn vom Bahnhof Schwante ist man in 50 Minuten mit Umstieg zur S-Bahn in Henningsdorf. Wer so gar keine Lust auf den Großstadtrummel hat, dem sei alternativ ein Ausflug nach Oranienburg ans Herz gelegt. In Schwante geht es am Kreisel der Dorfstraße auf den ausgeschilderten Radweg über Germendorf ca. neun Kilometer nach Oranienburg. Die Stadt Oranienburg empfängt jährlich 1,9 Millionen Besucher und ist somit eine der meistbesuchten Städte im Ruppiner Land. Es gibt viel zu sehen und zu entdecken. Allein die Altstadt mit dem anschließenden Schloss und Schlosspark ist einen Tagesausflug wert. Sehr schön ist ein Spaziergang entlang der Havelpromenade. Die KZ-Gedenkstätte Sachsenhausen erinnert an ein dunkles Kapitel deutscher Geschichte und kann besichtigt werden. Nur einige 100 Meter entfernt liegt die Lehnitzschleuse am Oder-Havel-Kanal und über die Bernauer Brücker kommt man zum Klinkerwerk sowie zur Brotfabrik, die zum KZ Sachsenhausen gehörten. Die Radstrecke hat keine nennenswerten Steigungen und ist auch mit Kindern gut zu befahren.

Stellplatz Bäckerei Plentz · Dorfstr. 42 · 16727 Oberkrämer-Schwante
Tel. 033055/79010 · GPS 52°44'12" N, 13°5'8" E
4 Stellplätze · €8 · inkl. Strom, Ver- und Entsorgung
gut befestigte Fläche für Wohnmobile aller Größen · ganzjährig nutzbar
Tourist-Info · Schloßplatz 2 · 16515 Oranienburg
Tel. 03301/600 81 10 · www.oranienburg-erleben.de
geöffnet ganzjährig Mo bis Sa 10–18 Uhr, So und Feiertag 10–16 Uhr

27 Scharmützelsee Diensdorf-Radlow

Der kleine, feine Platz südlich von Bad Saarow ist ideal, um für zwei Tage das mondäne Gebiet um den Scharmützelsee zu erkunden. Rundherum begrüßt einen die schöne Naturlandschaft und der Bootsanleger für eine Seetour liegt direkt vor der Tür.

Nur wenige Kilometer südlich der A 12 Richtung Frankfurt/Oder befindet sich der nicht so überlaufene Scharmützelsee. Zu Zeiten der DDR war er bei den Parteifunktionären sehr beliebt. Die Bemühungen das »Naherholungsgebiet« Berlins entstehen zu lassen, schlugen teilweise fehl, da es bei schlechter Verkehrslage 90 Minuten und mehr aus der Innenstadt bis hierher sind. So kann man, besonders unter der Woche, viel Ruhe genießen. Und der Stellplatz gehört mit seiner tollen Lage dazu. Man sitzt im Grünen mit Blick zum Bootsanleger und findet links die einladende Terrasse des Hotels Märkisches

Meer, das natürlich auch Gäste von außerhalb willkommen heißt.

Eine Umrundung mit dem Fahrrad umfasst ca. 28 Kilometer, die man unter Nutzung der Bootsfähren verkürzen kann. Besonders schön ist die südliche Strecke an Wendisch Rietz vorbei zum A-Rosa Hotel & Golf Resort. Egal ob auf der Terrasse oder unten am Bootshaus, es ist einfach ein Genuss hier zu verweilen. Wer schon immer mal den Golfschläger schwingen wollte, sollte sich diese Gelegenheit nicht entgehen lassen und sich zu einem Schnupperkurs am größten Golfodrom Deutschlands anmelden.

Stellplatz Am Scharmützelsee · Hauptstr. 1 · 15864 Diensdorf-Radlow
www.diensdorf-radlow.de · GPS 52°14'58" N, 14°4'12.6" E
5 Stellplätze · kostenlos · Strom €1/kWh · keine Ver- und Entsorgung
befestigter Untergrund · ganzjährig nutzbar für Wohnmobile aller Größen
Tourist-Info · Kleine Promenade 1 · 15864 Wendisch Rietz
Tel. 033679/648 40, www.scharmuetzelsee.de · geöffnet Mo bis Fr 9–18 Uhr, Sa, So 9–16 Uhr

Der Scharmützelsee im Herbstlicht

28 Bad Muskau

Bad Muskau ist für immer mit dem Namen einer Leckerei verbunden, dem »Fürst-Pückler-Eis«. Allerdings findet man hier auch das UNESCO-Welterbe »Fürst Pückler Park«! Die mobilen Gäste werden in der schönen Naturlandschaft südlich der Stadt freundlich willkommen geheißen.

Die Stadt im Landkreis Görlitz in der Oberlausitz erlangte ihre weltweite Bekanntheit durch den Fürsten und Landschaftskünstler Hermann von Pückler. Das Schloss und der Park sind ein einzigartiges, absolut sehenswertes Kulturgut. Die Lausitzer Neiße bildet gleichzeitig die Grenze zu Polen. Man braucht nur über die Postbrücke zu gehen und schon ist man im Nachbarort Leknica, wo natürlich auch einer der bekannten »Polenmärkte« stattfindet. Vom südlich der Innenstadt gelegenen Stellplatz aus ist alles gut zu Fuß oder mit dem Fahrrad erreichbar. Für den Besuch von Park und Schloss sollte man einen ganzen Tag einplanen. Für Eisenbahnfans ist auch eine Fahrt mit der Schmalspur-Waldeisenbahn zu empfehlen. Der Betrieb erfolgt an bestimmten Tagen noch mit Dampflokomotiven und führt in 30 Minuten von Muskau nach Weisswasser. Weitere Infos unter www.waldeisenbahn.de. Die Bahnstation ist vom Stellplatz zu Fuß erreichbar.

Caravan- und Wohnmobilstellplatz Bad Muskau · Bautzener Str. 39
02953 Bad Muskau · Tel. 03577/15 04 92
www.muskau.info · GPS 51°32'2" N, 14°43'10.6" E
24 Stellplätze · €10 · Strom €2/Tag · Ver- und Entsorgung je €1
Dusche und WC kostenlos · hervorragend angelegt für Wohnmobile
aller Größen · ganzjährig nutzbar
Tourist-Info Bad Muskau · Kirchplatz 5 · 02953 Bad Muskau
Tel. 035771/50492 · www.muskau.info · geöffnet Mo bis Fr 9–18 Uhr und Sa, So 10–17 Uhr

Yachthafen Havelberg

29

Direkt am Yachthafen blickt man auf die Havel und befindet sich in Gehweite zum schönen Altstadtkern von Havelberg. Eine gebührenpflichtige Entsorgung kann am 300 Meter entfernten Campingplatz genutzt werden. Wer mehr Ausstattung sucht, kann natürlich auch diesen nutzen!

Von 1358 bis 1559 gehörte die Stadt dem altmärkischen Hansebund an, der in seiner besten Zeit ca. 200 Städte aus einem Gebiet umfasste, welches sich heute über sieben europäische Staaten verteilt. Der gemütliche Ort lässt sich sehr gut auf dem Altstadtrundgang, den man kostenlos als Faltplan bei der Tourist-Info erhält, erkunden. Vom Stellplatz aus kann man über die Spülinsel, auf der sich auch der Campingplatz befindet, gehen und kommt am Ende zur Fußgängerbrücke, die einen auf die Altstadtinsel führt. Für alle, die gern Natur vom Wasser aus genießen, bietet sich auch eine Kaffeefahrt im Naturschutzgebiet an. Diese findet mehrmals in der Woche statt und dauert zwei bis drei Stunden. Einen Prospekt gibt es an der Tourist-Info oder unter www.reederei-kaiser.de. Eine sehr schöne Radstrecke ist die Rundtour Richtung Neuwerben, die über den Elbebogen und Havelseitenkanal über zehn Kilometer wieder zurückführt. Eine Bank am Wegesrand lädt dazu ein, die Havelschwäne bei ihren Landmanövern zu beobachten.

Stellplatz am Yachthafen · Havelstr. · 39539 Havelberg
Tel. 03938/776 50 · www.havelberg.de · GPS 52°49'50" N, 12°4'1" E
5 Stellplätze · kostenlos · ganzjährig nutzbar · kein Strom und keine Ver- und Entsorgung an der Kopfseite der großen ebenen Parkfläche · für Wohnmobile aller Größen
Tourist-Info · Uferstr. 1 · 39539 Havelberg
Tel. 03987/790 91 · www.havelberg.de · geöffnet April bis September
Mo bis Fr 9–18 Uhr, Sa, So 13–17 Uhr, Oktober bis März Mo bis Fr 9–17 Uhr

Die wehrhafte Stadmauer am zentralen Parkplatz
Beim Stadtrundgang

Tangerufer

30

Wunderschön gelegen am Ufer des Tanger, eines Seitenarms der Elbe, findet man den Ort, an dem Tangermünde seine mobilen Gäste willkommen heißt. Die natur- und stadtnahe Lage ist einfach ein Traum. Radfreunde, Familien mit Kindern oder Hundebesitzer kommen voll auf ihre Kosten.

Vom Stellplatz führt direkt an die Elbauen ein Wanderweg. Diesen kann man als Radweg oder morgens als Gassirunde mit der Fellnase nutzen. Vor dem Erreichen der Elbe findet man übrigens rechts einen kleinen See, der auch zum Hundebad einlädt! Zur Stadtmitte sind es zu Fuß nur wenige Minuten und am zentralen Markt ist das schmucke Rathaus mit dem Tourismusbüro gar nicht zu übersehen. Die Backsteingotik beherrscht das Stadtbild und in den Gassen entsteht besonders an den Sommerabenden eine lauschige Wärme.

Empfehlenswert ist der Weg entlang dem Hafen von Tangermünde, um am Ende den Schlossberg zu erklimmen. Hier oben kann man Burg und Schloss entdecken und hat außerdem eine tollen Blick über das Tal mit Tanger und Elbe. Dieses Tal lässt sich übrigens wunderbar mit dem Rad erkunden, denn die Strecken sind recht flach und für alle Leistungsklassen oder Kinder gut zu meistern. Wer einmal eine Stadtführung der anderen Art machen möchte, kann sich bei der Tourismusinformation für knapp acht Euro einen Audio Guide leihen und in seinem eigenen Tempo mit viel Information durch die alte Hansestadt schlendern.

Stellplatz am Tangerufer · Klosterberg · 39590 Tangermünde
Tel. 03932/22 23 93 · www.tourismus-tangermünde.de · GPS 52°32'17" N, 11°58'7.7" E
30 Stellplätze · ganzjährig nutzbar · €8 inkl. Strom, Ver- und Entsorgung
Stellflächen für Wohnmobile aller Größen

31 Elbeufer Magdeburg

Am Anleger der Ausflugsschiffe direkt am Elbufer der Landeshauptstadt Magdeburg liegt dieser großzügige Stellplatz für Wohnmobile aller Größen und Gewichte. Die Altstadt und das Univiertel sind in optimaler Gehweite.

Magdeburg ist eine sehr grüne Stadt mit vielen kleinen Parks und Erholungszonen, besonders entlang seiner Wasserader. Der Elbuferradweg befindet sich quasi vor der Wohnmobiltür und die gegenüberliegende Halbinsel Werder ist mit riesigen Freilaufflächen sowie dem See am Rotehorn ein Paradies für Hunde. Am nördlichen Zugang der Altstadt stößt man auf die Tourist-Info. Auf keinen Fall verpassen darf man die Grüne Zitadelle, das letzte

Großprojekt des berühmten Architekten Hundertwasser. Kaiser Otto der Große sowie der Physiker und Erfinder Otto von Guericke haben die Geschichte und das Stadtbild maßgeblich geprägt, woraus sich der Name »Ottostadt« erklärt. Dazu passend ist für Kulturinteressierte das neue Dommuseum Ottonianum zu empfehlen. Im ältesten erhaltenen Bauwerk Magdeburgs, dem Kloster Unser Lieben Frauen ist heute das Kunstmuseum untergebracht. Das Gastronomische ist, wie in einer Großstadt nicht anders zu erwarten, üppig und sehr vielfältig, sodass wohl jeder das Richtige für seinen Geschmack finden wird. Die Stadt ist ein echtes Ganzjahresziel, das den mobilen Touristen zu jeder Zeit ein reichhaltiges Programm bietet.

Stellplatz Anlegestelle Weisseflotte · Petriförder 1 · 39104 Magdeburg
www.weisseflotte-magdeburg.de · GPS 52°8'2.5" N, 11°38'59" E
50 Stellplätze · €8 · kein Strom oder Wasser · Entsorgung €1
Tourist-Info · Breiter Weg 22 · 39104 Magdeburg
Tel. 0391/63601402 · www.magdeburg-tourist.de
geöffnet ganzjährig Mo bis Sa 9:30–18 Uhr · So und Feiertag 9:30–15 Uhr

Der großzügige Stellplatz am Elbeufer

Stellplatz an der Marina
Die Brachwitzer »Alpen« entlang dem Saaleufer

32

Marina Brachwitz

Am Rand des kleinen Ortes Brachwitz an der Saale findet man in direkter Nachbarschaft zur Fähre und zum Rastplatz für Wasserwanderer ein lauschiges Plätzchen für ein paar abwechslungsreiche Tage in weitläufiger Natur.

Nordwestlich von Halle, direkt am Ufer der Saale, kann der Städter in der ländlichen Umgebung so richtig durchatmen und entspannen. Die Wohnmobiltür öffnet sich mit Blick aufs Wasser und mit dem ersten Kaffeebecher in der Hand kann man vielleicht schon die Kanu- und Kajakwanderer beim Verstauen ihrer Ausrüstung beobachten. Das Tal der Saale mit seinen sanften Hügeln lädt natürlich zu Spaziergängen oder Fahrradtouren ein. Eine sehr schöne Tour mit dem Fahrrad ist der ausgeschilderte Weg durch die Felder nach Wettin. Die flache Strecke von acht Kilometern Länge lässt sich auch ohne elektrische Unterstützung gut meistern. In Wettin findet man alle Geschäfte des täglichen Bedarfs, um sich zu versorgen, und schon von Weitem erkennt man die Burg, die auch ein Burgcafé beherbergt. Wer nach der Rückkehr keine Lust zum Kochen oder Grillen hat, der kann es sich in Brachwitz bei Francesco in der Pizzeria Ciccio gemütlich machen. Familiäre Atmosphäre und gute Preise locken auch Gäste von außerhalb an. Vom Stellplatz aus sind es gerade mal 300 Meter.

Wer mit Kindern unterwegs ist, für den lohnt sich auch ein Ausflug zum Bergzoo in Halle an der Saale. Mit der Buslinie 302 geht es direkt bis nach Halle Trotha und dann noch drei Stationen mit der S-Bahn vor den Zoo. Der Bergzoo ist für seine tollen Kinderprogramme bekannt und ist durch seine Naturlage am Berg besonders reizvoll. Wer dann noch Zeit und Lust hat, ist mit der S-Bahn in zehn Minuten mitten in der Altstadt von Halle. Hier wartet eine große Auswahl an Kultur und Kulinarik auf Sie.

Stellplatz Marina · Fährstraße · 06198 Wettin-Löbejün OT Brachwitz
Tel. 0345/5500572 · www.wwz-halle.de · GPS 51°32′2″ N, 11°52′14″ E
20 Stellplätze · €7 · Strom 50 Cent/kWh · sonst keine Ver- und Entsorgung
nutzbar von April bis Oktober · auch große Wohnmobile
Pizzeria Ciccio · An der Eiche 3a · 06198 Brachwitz
Tel. 0345/6802446 · geöffnet Fr bis So 17–22 Uhr, Sa, So auch 11:30–14:30 Uhr

33 Neustadt in Thüringen

Vorab: Der Platz ist auch für große Wohnmobile, selbst mit Anhänger, geeignet. Bei der Anfahrt durch den Wald braucht es allerdings vorausschauendes Fahrverhalten. Die letzten zwei Kilometer sind etwas eng, wenn Gegenverkehr kommt, aber durchaus machbar!

Auf dem Stellplatz Heinrichs-Ruhe findet nicht nur Heinrich seine Ruhe! Der tolle Platz bietet eine fantastische Aussicht über das Orlatal und himmlische Ruhe: ideal, um die Seele baumeln zu lassen oder die Gegend zu Fuß zu erkunden. Die urige Gaststätte existiert seit 1878, in den Sommermonaten ist der Biergarten geöffnet. Der Betreiber führt den Platz mit viel Liebe und Engagement. Ein Dusch- und Toilettencontainer ist von April bis Oktober nutzbar, die Feuerstelle und der Grillplatz dürfen das ganze Jahr genutzt werden. Brötchen- und Frühstücksservice werden angeboten ebenso wie Gasflaschentausch und nach Absprache wird ein Shuttlebus für Ausflüge kleinerer und größerer Gruppen organisiert. Haustiere sind gern gesehen. Das ganze Jahr über werden verschiedene Veranstaltungen angeboten: Kräuterwanderungen, Fahrradausflüge sowie Sommer- und Wintergrillen. Der Ort Neustadt ist fußläufig zu erreichen. Mit seinem historischen und denkmalgeschützten Stadtkern ist er absolut sehenswert. Besonderes Augenmerk gilt den Fleischbänken aus dem Jahr 1475. In der Nähe des Marktplatzes zerlegten die Metzger hier die Tiere und boten sie direkt an ihren bankförmigen Verkaufstischen feil. Eines der schönsten Gebäude der Stadt ist das Lutherhaus, in dem sich auch die Tourist-Info befindet. In dem vor 1450 errichteten Haus soll Luther der Legende nach bei seinen Besuchen des Augustiner-Eremitenklosters mehrfach gewohnt haben. Unser Gastronomie-Tipp ist natürlich das Restaurant Heinrichs-Ruhe vor Ort. Montag und Dienstag hat es geschlossen. Besonders zu empfehlen sind Thüringer Wildgerichte und die Grillabende auf der Terrasse.

Wohnmobilstellplatz Heinrichs-Ruhe · Heinrichsruhe 1 · 07806 Neustadt an der Orla
Tel. 03648/12 39 44 · www.heinrichsruhe.de · GPS 50°45'20" N, 11°45'24" E
45 Stellplätze · €10 · lediglich für Strom, Wasser, Nutzung Dusche €1 und Sanitäranlagen werden je 50 Cent fällig · eine Entsorgung ist ebenfalls vorhanden
Tourist-Info im Lutherhaus · Rodaer Str. 12 · 07806 Neustadt an der Orla
Tel. 036481/851 21 · www.neustadtanderorla.de
geöffnet ganzjährig Di, Do, Fr 10–17 Uhr, Sa und So 14–17 Uhr

Neustadt mit der Michaeliskirche sollte man nicht versäumen.

Der Barbarossa-Turm des Kyffhäuser-Monuments
Absolut sehenswert ist das Panorama Museum.

34

Bad Frankenhausen im Kyffhäuser

Auf einer ehemaligen Sportanlage hat die Familie Schulze einen großzügigen Stellplatz in Bad Frankenhausen in der Gemarkung des Kyffhäuser angelegt. Die Kurstadt hat viel zu bieten und auch im Umland findet sich so manche ansprechende Empfehlung zur Freizeitgestaltung.

Wer von Norden über die B85 nach Bad Frankenhausen kommt, sieht zunächst auf der linken Seite den Turm des Panorama Museums auf dem Hügel, dazu gleich mehr. Unweit der Stadtmitte befindet sich der großzügige Stellplatz der Familie Schulze. Sie sind selbst Wohnmobilfahrer und haben einen ehemaligen Sportplatz in diese gastliche Fläche verwandelt.

Für Radfahrer mit Elektrounterstützung ist die 20 Kilometer lange Tour zum Kyffhäuser-Monument mit Barbarossa-Turm und Burgruine fast schon ein Muss. Die Anfahrt durch die Wälder hat etwas von spürbarer Unberührtheit der Natur und das Gelände oben auf dem Berg ist das Ausflugsziel Nr. 1 der gesamten Region. Ein weiteres Highlight ist das Panorama Museum mit dem 360°-Monumentalgemälde des Leipziger Malers Werner Tübke. Von 1983–87 entstand hier auf einer Fläche von 1722 Quadratmetern das »Theatrum mundi« mit einer vielgestaltigen Szene der frühbürgerlichen Revolution aus der Mitte des 16. Jahrhunderts. Die Darstellung auf 123 Meter Länge und 14 Meter Höhe ist mehr als beeindruckend!

Wem dieses Kultur- und Sportprogramm zusagt, dem sei ein entspannender Aufenthalt in der Sole-Therme empfohlen. Die Innenstadt lässt sich aufgrund ihrer Kompaktheit wunderbar zu Fuß erkunden und bietet alle Geschäfte des täglichen Bedarfs.

Die Gastfreundschaft der Einwohner ist sehr herzlich und hinterlässt einen positiven Gesamteindruck.

Stellplatz Autoservice Schulze · Bachmühlenweg 2 · 06567 Bad Frankenhausen
Tel. 034671/63082 · GPS 51°21′19″ N, 11°5′30″ E
50 Stellplätze · €9,50 · inkl. 2 Personen und Kurtaxe · Strom €2/Tag
Frischwasser €1 · Entsorgung kostenlos · ganzjährig nutzbar · auf befestigtem Rasen
Panorama Museum · Am Schlachtberg 9 · 06567 Bad Frankenhausen
Tel. 034671/6190 · www.panorama-museum.de
geöffnet Di bis So 10–17 Uhr, Juli und August auch Mo 13–17 Uhr, feiertags 10–17 Uhr

35 Therme Bad Lobenstein

Unmittelbar am Stadtteich und zentrumsnah findet man im beschaulichen Ort Bad Lobenstein ein gutes Unterkommen für die Nacht oder vielleicht auch mehr. Denn der Saale-Orla-Kreis hat viel zu bieten und ein erholsamer Tag in der schönen Therme ist nicht zu verachten.

Der Stellplatz liegt an der linken Seite der Ardesia-Therme mit gleichzeitiger Zufahrt auf eine Wiese und wird von den üblichen Gästeparkplätzen für Pkw nicht berührt. Die Anmeldung erfolgt beim hilfreichen und freundlichen Personal der Thermenkasse.

Das Bild der Kurstadt wird geprägt durch die hohe Burganlage mit dem »Alten Turm«, den historischen Marktplatz, das neue Schloss, die Alte Wache und den Park mit seinem Pavillon. Das Gebäudeensemble am Markt ist bereits nach wenigen Hundert Metern erreicht, sodass auch morgens flott fri-

sche Brötchen organisiert sind. Von der Stadtinformation als Start- und Zielpunkt beginnen drei abwechslungsreiche Rundwanderungen von sechs bis acht Kilometern Länge, die dem Schwierigkeitsgrad leicht bis mittel zuzuordnen sind. Sehr schön mit dem Fahrrad ist ein Ausflug nach Blankenheim zum historischen Rennsteigkeller (www.blankenstein-am-rennsteig.de). Erst 2012 wurde dieser stollenähnliche Zugang entdeckt und seine Geheimnisse wurden Stück für Stück gelüftet.

Bei einem Besuch der Therme wird die Stellplatzgebühr erstattet. Es gibt verschiedene Angebote wie Morgen- oder Abendticket sowie Familienkarten. In den Sommermonaten öffnet zusätzlich das Waldschwimmbad seine Pforten für Besucher.

Stellplatz an der Therme · Parkstr. 8 · 07356 Bad Lobenstein
Tel. 036651/393 91 00 · www.ardesia-therme.de · GPS 50°26'57" N, 11°38'31" E
5 Stellplätze · €2,50 · Kurtaxe €1,50 je Erwachsener erst ab der 2. Übernachtung
Strom 50 Cent/kWh · Dusche €3 · Ver- und Entsorgung kostenlos
ganzjährig nutzbar auch für große Wohnmobile
bei Besuch der Therme entfällt die Stellplatzgebühr
Stadtinformation · Graben 18 · 07356 Bad Lobenstein
Tel. 036651/25 43 · www.bad-lobenstein.de
geöffnet Mo bis Fr 9:30–12:30 Uhr und 13:30–16 Uhr, Mai bis September auch Sa 9–12 Uhr

Das schöne Ortsensemble von oben

36 Stellplatz Saalfelder Feengrotten

»Glück auf« heißt es für die ganze Familie in Saalfeld im südlichen Thüringen. An der Mitte des Saalebogens gelegen, lädt die abwechselungsreiche Landschaft zum verweilen ein.

Für alle, die in dieser Gegend mit dem Wohnmobil unterwegs sind, ist der spannende Ausflug in das Reich der Feen und Bergleute ein Muss. In dem ehemaligen Alaun-Schiefer-Bergwerk befindet sich die farbenreichste Schaugrotte der Welt. Im Laufe der Jahrhunderte entstand in den unterirdischen Höhlen eine faszinierende Tropfsteinwelt. Im Grottoneum erfahren die

Ein schöner Blick in die Saalfelder Feengrotten

Besucher alles über die Geschichte vom Bergbau bis zum heutigen Erlebnisspektakel. Der Abenteuerwald Feenweltchen verführt Erwachsene und Kinder in die magische Welt der Elfen, Feen und Trolle. Schön ist, dass man hier auch gleich die Übernachtung planen kann. Das Zentrum von Saalfeld ist über den Feengrottenweg zu Fuß erreichbar. Direkt am wunderschönen und geschichtsträchtigen Marktplatz mit der Johanneskirche findet man auch eine gut ausgestattete Touristen-Information, die Tipps für weitere Aktivitäten geben kann.

Wohnmobilstellplatz an den Feengrotten · Feengrottenweg 2 · 07318 Saalfeld
GPS 50° 38'7" N, 11° 20'27" E · www.feengrotten.de
Platz ist für 10 Wohnmobile ausgelegt · ganzjährig nutzbar · Gebühr € 10,- incl. aller Personen sowie Ver- und Entsorgung
Tourist-Information Saalfeld · Markt 6 · 07318 Saalfeld · Tel. 03671-522181
www.saalfeld-tourismus.de · geöffnet Mo-Fr von 9-18 Uhr und Sa von 9-13 Uhrr

Stellplatz unweit der Grotte

Vom Stellplatz über die weiße Elster in den Ort
Die gewaltige Trutzburg von 1225

37

Elsterberg Thüringen

Direkt an der Weißen Elster im Städtchen Elsterberg kommen die Wohnmobilisten trotz der Lage an der Straße am Sportplatz zur Ruhe. Ein Kinderspielplatz, Auslauf für den Hund, Wander- und Fahrradwege komplettieren das Angebot.

Im Westen von Sachsen, eingebettet im grünen Tal der Weißen Elster, an der Grenze zu Thüringen, liegt der Ort Elsterberg mit der gewaltigen Burgruine aus dem Jahr 1225. Mit einer bebauten Fläche von 1,5 Hektar ist sie eine der weiträumigsten Anlagen dieser Art in Sachsen. Der besondere Tipp: Die Besichtigung ist kostenlos und der Zutritt rund um die Uhr möglich und erlaubt. Die Elsterberger Heimatstube ist in einem der gut erhaltenen Wehrtürme untergebracht. Vom Wohnmobil aus gelangt man über die Fußgängerbrücke auf der anderen Straßenseite sehr schnell in die Innenstadt und zum Marktplatz. Der beschauliche Stadtkern mit der über ihm thronenden Burgruine lässt sich ganz entspannt erkunden und an manchem Haus gibt es auf kleinen Hinweistafeln einiges zu erfahren. Mit dem Fahrrad ist einer der schönsten Wege der Reitsteig. Der Einstieg befindet sich ein Stück unterhalb des Stellplatzes an der Straße Im Hain und führt dann durch Wald auf den Reitsteig, der sich entlang der Weißen Elster oben am Waldrand orientiert. Am kleinen Ort Rentzschmühle geht es über die Brücke und auf der anderen Seite über den ausgeschilderten Radweg durch Wiesen und Felder zurück. Vor Elsterberg kommt der Ort Gippe mit der gleichnamigen Gippenschänke, wo man sich wunderbar stärken kann. Das Traditionslokal mit Außenbereich ist bekannt für seine bodenständige Küche zu guten Preisen.

Im Winter wird die Versorgung bei Frost eingeschränkt. Der Platz darf aber dennoch genutzt werden und der kleine Weihnachtsmarkt mit Thüringer Handwerkskunst ist allemal einen Besuch wert.

Stellplatz am Sportplatz · An der Elsteraue 7 · 07985 Elsterberg
www.elsterberg.de · GPS 50°36'35" N, 12°10'31,5" E
5 Stellplätze · kostenlos · Strom € 1 für 2 Std. · Frischwasser € 1 für 4 Min.
Entsorgung kostenlos · gut befestigt · auch für große Wohnmobile von April bis November nutzbar · im Winter kann man ohne Service hier stehen
Gippenschänke · Gippe 5 · 07985 Elsterberg · Tel. 036621/202 72
geöffnet Do bis Mo ab 11 Uhr

38 Kranichsee Weitersglashütte

Wer mit dem Satz »Inmitten der Natur« keine konkrete Vorstellung verbindet, der sollte einige Tage in unmittelbarer Nachbarschaft zum Erzgebirgskamm und zum Kranichsee verbringen. Die tschechische Grenze ist nur einen Steinwurf entfernt und die Uhren haben einen anderen Takt!

Einer der Reize des Hobbys Wohnmobil liegt ohne Zweifel darin, Orte oder Gegenden zu erreichen, die man in seinem Leben wahrscheinlich niemals gesehen hätte, geschweige denn dass man dort übernachten würde.

Die Talsperre Carlsfeld, auch Großer Kranichsee genannt, liegt auf 950 Metern Höhe und ist Teil des bedeutendsten Hochmoors des Erzgebirges. Das weitreichende Naturschutzgebiet wurde bereits 1961 eingerichtet und lässt sich vom Stellplatz am Hotel sowohl zu Fuß als auch mit dem Fahrrad erkunden. Das Grenzgebiet der ehemaligen Warschauer-Pakt-Staaten hat etwas Unwirkliches und man fühlt sich wie in den großen, nicht enden wollenden Wäldern Kanadas. Der große Kranichsee kann umrundet werden, ich empfehle jedoch stattdessen einen »Übertritt« an der alten Grenzlinie, die sich südlich von Weitersglashütte befindet. Nach einem erlebnisreichen Tag schmeckt das Essen im urigen Hotel Kranichsee besonders gut!

Stellplatz Kranichsee · Frühbusser Str. 15 · 08309 Eibenstock-Weitersglashütte
Tel. 03775/2678 70 · www.hotel-kranichsee.de · GPS 50°25'43" N, 12°36'55.6" E
5 Stellplätze · kostenlos · ohne Ver- und Entsorgung oder Strom · Einkehr obligatorisch

Unberührte Moorlandschaft (links) und der Stellplatz am Hotel (oben)

39 Freizeitbad Obercunnersdorf

In schöner Lage am Freizeitbad Obercunnersdorf findet man gepflegte Gastlichkeit für mobile Gäste vor. Im Grünen gelegen, ist es im Sommer ein Ziel für die ganze Familie. Unweit des Ortes entspringt hier in der Oberlausitz die Spree am Südwesthang des Kottmarberges.

Wer mit seinen Kindern ein schönes und ebenso kostengünstiges Wochenende verbringen möchte, ist zur Freizeitbadsaison von Mai bis Ende September hier bestens aufgehoben. Zum Bäcker sind es gerade mal 500 Meter und mit der Badetasche in der Hand kann man sich direkt ins Schwimmbad begeben. Die Familienkarte für zwei Erwachsene inkl. aller Kinder belastet die Kasse mit nur zehn Euro. Wenn die Küche mal kalt bleiben soll, wird man

Gut befestigte Stellfläche auch für große Wohnmobile

sofort hier an der Erikabaude fündig. Eine Baude ist nichts anderes als ein Imbiss, der kleine hausgemachte Speisen anbietet. Vom Stellplatz links Richtung Kottmarwald sind es nur drei Kilometer, bis man an einer Skisprungschanze landet. Von dort kann man dem Turmweg folgen, der gleichzeitig ein »Sagenpfad« ist. Nähere Informationen dazu erhält man am Skiheim bei der Sprungschanze. Alles in allem haben wir hier einen besonderen Ort mit gastfreundlichen Menschen für Wohnmobilisten! Auch wenn die Zahl der ausgebauten Fahrradwege nicht sehr groß ist, lädt die idyllische Gegend mit den kleinen Landstraßen und Wirtschaftswegen durchaus zur Erkundung ein. Den Ort selber mit seinen Dutzenden schöner Fachwerkhäuser darf man auf keinen Fall versäumen. Es hat viel Fleiß gekostet, ihn wieder so herzurichten. Gern hält man hier ein Schwätzchen über den Gartenzaun!

Stellplatz am Freizeitbad · Kottmarsdorfer Str. 35 · 02708 Kottmar-Obercunnersdorf
Tel. 03587/56 02 22 · www.gemeinde-kottmar.de · GPS 51°1'54" N, 14°39'41" E
5 Stellplätze · €3 · kein Strom · Ver- und Entsorgung je €1 · Dusche und Sanitär im Schwimmbad
ganzjährig nutzbar · Freizeitbad geöffnet von Mai bis September

Das Schwimmbad lädt zur Erfrischung ein.

40 Vulkankegel Herbstein

Herbstein thront auf einem Vulkankegel hoch über dem Naturpark Vogelsberg. Die heißen Quellen im Thermal-Bewegungsbad laden zum Entspannen und Genießen ein. Direkt an der Therme mit Sauna, Bistro, Kurmittelhaus und hübschem Park befindet sich der Wohnmobilstellplatz.

Die Sanitäranlagen der Therme können für 1,50 Euro pro Dusche und WC kostenfrei genutzt werden. Das malerische Stadtzentrum befindet sich einen Kilometer entfernt. Es ist umgeben von einer 750 Jahre alten Stadtmauer mit gut erhaltenen Stadttoren. Wer nicht nur im Örtchen bummeln will oder in der Therme entspannen möchte, kann direkt vom Stellplatz aus mit dem Fahrrad auf den Vulkanradweg einbiegen und losradeln. Der Weg schmiegt sich in die wunderschöne Landschaft des Naturparks ein. An Wochenenden und Feiertagen, von Mai bis Ende Oktober, begleitet ein Fahrradbus im Zwei-Stunden-Rhythmus die Strecke und nimmt müde Fahrradfahrer huckepack. Vielleicht wollten Sie aber schon immer mal das Glück auf dem Rücken der Pferde suchen? Ein Reitstall mit Unterricht und therapeutischem Reitangebot in knapp 200 Meter Entfernung könnte Ihr Einstieg in die Welt des Reitens werden. Falls Sie aber auch »nur« mit oder ohne Hund spazieren gehen möchten: Wunderbare Wanderwege oder verschieden lange Terrain-Kurwege führen direkt vom Stellplatz in die Natur. Eine Infotafel am Platz gibt Auskunft über die verschiedenen Möglichkeiten. Zwischen Grebenhain und Lauterbach erwartet einen viel Abwechslung und Ruhe. Informationen zum Vulkanradweg finden Sie unter www.vulkanradweg.de.

Am Naturpark Info-Zentrum am Hoherodskopf sei noch der Baumkronenpfad zu empfehlen – ein ganz besonders »luftiges« Vergnügen. Nähere Infos unter www.baumkronenpfad.de.

Wohnmobilstellplatz Therme Herbstein · Zum Thermalbad 1 · 36358 Herbstein
Tel. 06643/1666 · www.herbstein.de · GPS 50°34′7″ N, 9°20′48″ E
11 Stellplätze · €6 · zzgl. €1,50 Kurtaxe Erwachsene,
Jugendliche von 10 bis 16 Jahren €1 · Strom, Ver- und Entsorgung · Brötchenservice
ganzjährig auch mit XXL-Wohnmobilen befahrbar · max. Aufenthaltsdauer 21 Tage
alle Einkaufsmöglichkeiten sind nur 500 m entfernt.

Im Kurpark gleich neben der Therm kommen Sie zur Ruhe
Zeitzeugen aus römischer Vergangenheit am Vulkanradweg

Stadtrundgang durch Oppenheim mit Blick zur Katharinenkirche

Oppenheim am Rheinufer

41

In der Mitte des Rheins befindet sich die Grenze zwischen Rheinland-Pfalz und Hessen. Somit heißt die Gegend Rheinhessen.

Die Wein- und Festspielstadt Oppenheim gehört zu Rheinland-Pfalz und hat einiges zu bieten. Als historischen Schatz kann man wohl »Die Stadt unter der Stadt« bezeichnen. Hierbei handelt es sich um ein historisches Kellerlabyrinth unter der Altstadt, in dem man ganzjährig durch Keller, Gänge und Treppen laufen kann, die in Kriegszeiten zur Flucht dienten oder als Lagerstätte benutzt wurden. Geschichtlich interessierte Gäste kommen genauso wie Genießer der beschaulichen Rheinhessischen Wein- und Gaumenfreuden auf ihre Kosten.

Die imposante Katharinenkirche mit ihrem Beinhaus oder die Burgruine Landskorn, das Weinbaumuseum, die St. Bartholomäuskirche, der Ruprechtsturm, der Uhrenturm und der Krötenbrunnen bieten dem Touristen Abwechslung für mindestens zwei Tage. Die Freunde der Gaumenfreude kommen auch voll und ganz zu ihrem Recht. Von Café, Eisdiele und Meeresfrüchterestaurant bis zur urigen und traditionellen Vesperstube befindet sich alles in unmittelbarer Nähe. Der Weinanbau ist einer der größten Wirtschaftsfaktoren dieser Gegend, und so mangelt es natürlich nicht an Weingütern und Sektkellereien, die zu einer Besichtigung oder Weinprobe einladen.

Am bzw. um den Platz selbst gibt es ebenfalls einiges zu entdecken. Der Platz liegt günstig zwischen Innenstadt und Rheinufer am Oppenheimer Wäldchen. Das Hallenbad und der Tiergarten sind ebenso zu Fuß zu erreichen wie das Strandbad am Rheinufer. In unmittelbarer Nähe bietet der Hundestrand Spiel, Spaß und Spannung auch für die Vierbeiner an. Der Platzwart kommt abends zwischen 19 und 20 Uhr, um die Parkgebühr zu kassieren und, falls gewünscht, den Stromkasten aufzuschließen.

Wohnmobilhafen Oppenheim · An der Festwiese · 55276 Oppenheim
Tel. 0178/343 44 83 · www.womoland-oppenheim.de · GPS 49°51′24″ N, 8°21′55″ E
15 Stellplätze · €7 · Strom €3 · inkl. Ver- und Entsorgung
ganzjährig auch für große Wohnmobile anfahrbar
Tourismusbüro Oppenheim · Merianstr. 2 · 55276 Oppenheim · Tel. 06133/49 09 14
www.stadt-oppenheim.de · geöffnet täglich 10–17 Uhr
Weinbergsrundfahrten · Weingut Müller · www.weinbergsrundfahrten-weingutmüller.de
Termine, auch für andere Veranstaltungen, kann man im Tourismusbüro erfragen

42 Weilburg an der Lahn

Weilburg liegt im Lahntal sowohl im Westerwald als auch im Taunus. Es lässt sich in »Schichten« beschreiben: unter der Erde drei Tunnel, darüber ein Berg und darauf ein Schloss. Weilburg lässt sich aber auch in »Geschichte« beschreiben – denn davon hat es viel!

Für uns Wohnmobilisten hat die Stadt Weilburg einen Stellplatz in der Hainallee gegenüber dem Feuerwehrstützpunkt eingerichtet. Er liegt direkt an der Lahnschleife unterhalb der Altstadt – perfekt um Weilburg zu Fuß zu erkunden. Der Schotterplatz ist für maximal 80 Wohnmobile ausgelegt. Stromanschlüsse, Frischwasser und Entsorgung stehen zur Verfügung. Die Toiletten im Westturm (Feuerwehrgebäude Hainallee) können genutzt werden und sind durchgehend geöffnet. Wir haben sie sehr sauber vorgefunden. Der Platz ist zweckmäßig, sehr zentral gelegen und für ein bis zwei Übernachtungen gut geeignet.

Es gibt viel zu entdecken, fangen wir unten, mit dem Tunnel-Ensemble an: der Schiffstunnel, der Eisenbahntunnel und der Autotunnel. Der Weilburger Schifffahrtstunnel ist mit 200 m Länge der älteste und längste heute noch befahrbare Schiffstunnel in Deutschland.

Vom Stellplatz zu Fuß geht es etwas steil den Berg hinauf in das Stadtzentrum. Schon bei der Anfahrt auf Weilburg sieht man das eindrucksvolle Schloss hoch über der Lahn gelegen. Ursprünglich war das Schloss eine Burg aus dem 10. Jahrhundert und verfügt über einen wunderschönen Schlosspark.

Nur knapp drei Kilometer sind es bis zur Kristallhöhle nach Kubach. Eine beeindruckende Schauhöhle, ein Höhlenmuseum und ein Freilichtsteinmuseum. Die einzige Calcit-Kristallhöhle in Deutschland.

Wohnmobilstellplatz Weilburg · Hainallee · 35781 Weilburg
Tel. 06471/31467 · GPS 50°29'02" N, 08°15'27" O
80 Stellplätze · ganzjährig nutzbar · €6 inkl. Personen, Ver- und Entsorgung · Strom €2
Touristeninformation Weilburg · Mauerstraße 6 · 35781 Weilburg
Tel. 06471/31467 · www.weilburg.de
Kanubasis Weilburg-Kanuverleih Lahn · Schmittbachweg 2a · 35781 Weilburg,
Tel. 06471/429112 · www.kanu-basis.com · geöffnet täglich 9–21 Uhr
Höhlenverein Kubach e.V. · Auf dem Kalk 1 · 35781 Weilburg-Kubach · Tel. 06471/94000
www.kubacherkristallhoehle.de

Der Wohnmobilstellplatz bietet ausreichend Raum.
Zu Fuß geht es dann in die Weilburger Altstadt.

43 Hünfeld

Der Bürgerpark und das Freischwimmbad liegen in unmittelbarer Nähe zum im Grünen gelegenen Plätzchen für die Wohnmobilfahrer am Hessischen Kegelspiel. In Hünfeld lebte der Visionär Konrad Zuse, der 1941 mit dem Z3 den ersten funktionstüchtigen Computer der Welt baute.

So begleitet einen schon auf dem Weg durch den Bürgerpark in die Innenstadt sein in Bronze gegossenes Abbild. Auch wenn er hier nicht geboren wurde, ist er der bekannteste Bürger Hünfelds. Im Konrad-Zuse-Museum gibt es viel Wissenswertes zu seiner Ingenieurskunst. Ebenfalls einen Besuch wert ist das Museum Modern Art im alten Gaswerk. 3000 Werke aus der

privaten Sammlung des 2015 verstorbenen Kunstprofessors Jürgen Blum sind hier ausgestellt und zu bewundern.

Das Hessische Kegelspiel bezeichnet die kegelförmigen Vulkanberge mit ihrer atemberaubenden Natur in lieblichen Flusstälern. Die neun Basaltkuppen sind wie auf einer Kegelbahn aufgereiht und wurden der Sage nach von Riesen zum Kegeln genutzt! Fest steht, dass sich der Gang zur Tourist-Info lohnt. Sehr schön sind Ausflugstipps in Verbindung mit den öffentlichen Verkehrsmitteln, da das Fahrradgebiet ohne elektrische Unterstützung schon anstrengend sein kann.

Wohnmobilstellplatz Hessisches Kegelspiel · Landerneau-Allee · 36088 Hünfeld
Tel. 06652/18 01 31 · www.huenfeld.de · GPS 50°40'34" N, 9°46'36" E
18 Stellplätze · €5 · Strom €1/kWh · Frischwasser €1
Entsorgung kostenlos · ganzjährig nutzbar
Tourist-Info · Am Anger 2 · 36088 Hünfeld
Tel. 06652/18 01 95 · www.hessischeskegelspiel.de
geöffnet Mo bis Do 9–15 Uhr, Fr 8–12 Uhr

Vom Stellplatz durch den Bürgerpark zur Ortsmitte

44

Poppenhausen

Oberhalb vom Schwimmbad am Ortsrand von Poppenhausen liegt der Stellplatz direkt am Weg zum mit 950 Metern höchsten Gipfel Hessens, der Wasserkuppe. Im Winter findet man hier sogar frisch gespurte Langlaufloipen und Lifte für die Abfahrt!

Das Gebiet Wasserkuppe im Biosphärenpark Rhön ist für einen kompletten Wochenendausflug lohnenswert. Die Freizeitmöglichkeiten sind für alle Altersklassen ansprechend und vielfältig. So gibt es von Mai bis Oktober den RhönRadBus, der bis zu fünf Personen inklusive Fahrrad für 16,40 Euro transportiert (www.rmv.de). Er ist auch gut geeignet für Wanderer, die eher die

Etappe bergab präferieren! Der Weg zur Wasserkuppe beginnt direkt am Stellplatz. Da Poppenhausen kein festes Tourismusbüro hat, kann man sich am besten telefonisch unter 06658/96 00 13 oder unter www.poppenhausen-wasserkuppe.de Infos einholen. Im 500 Meter entfernten Ortskern findet man alle Einkaufsmöglichkeiten sowie den wunderschönen, mit alter Holzschindelfassade versehenen Landgasthof Zum Stern, der unter anderem hervorragende Burger mit Chips zubereitet.

Während der Öffnungszeiten des Schwimmbades von Anfang April bis Ende September gibt es einen Frühschwimmer- sowie Spätbadetarif zu günstigen Konditionen, um die Sanitäranlagen zu nutzen.

Stellplatz am Lüttergrund · Sebastian-Kneipp-Weg · 36163 Poppenhausen
Tel. 06658/96 00 13 · www.poppenhausen-wasserkuppe.de
GPS 50°29'24" N, 9°52'37" E
10 Stellplätze · €6 · Strom €1 für 6 Std. · Frischwasser €1
Entsorgung kostenlos · ganzjährig nutzbar · auf gepflasterten Untergrund

Angelegter Stellplatz im Lüttergrund Poppenhausen

Die Stadt Braunfels hat viel zu bieten! Der historische Kern mit seinen Fachwerkhäusern begeistert die zahlreichen Gäste der Stadt.

Lahnwiese Leun

45

Direkt am Ufer der Lahn teilt man sich den Platz mit durchfahrenden Kanuwanderern, die hier für die Nacht ihre Zelte aufschlagen. Oberhalb von Leun befindet sich ein tolles Waldgebiet mit Wander- und Radwegen. Der Lahnuferradweg bietet sich für einen Ausflug nach Braunfels an.

Wenn man sich seinen Campingstuhl schnappt und sich vorne an den Bootsanleger setzt, ist das ein bisschen wie Kino. Boote, Kanus oder Kajaks ziehen an einem vorüber, die Enten landen und ab und zu zieht ein dicker Fisch seiner Wege. Auf der Wiese am Stellplatz kann man wunderbar Federball oder Fußball mit den Kindern spielen. Wenn einem dann doch nach mehr ist, kommt das Fahrrad zum Einsatz, denn wir sind ja unmittelbar am Lahnuferradweg, auf dem man über den Abzweig am Mühlengrund in nur 20 Minuten die Stadt Braunfels erreicht. Die historische Altstadt mit dem über ihr thronenden Schloss Braunfels ist wirklich sehenswert. Es wird seit 800 Jahren bis heute von den Grafen zu Solms bewohnt. Der Kern mit dem Flair der Fachwerkhäuser aus dem 16. Jahrhundert ist eines der reizvollsten Altstadt-mit-Burg-Ensembles Hessens. Für den Heimweg empfehlen wir einen Stopp in der Kaiser-Friedrich-Straße am Rewe-Supermarkt, wo ein örtlicher Metzger köstliche Grillspezialitäten (auch vegetarisch) aus eigener Herstellung anbietet. Denn wer möchte bei so einer schönen Aussicht nicht am Wohnmobil zu Abend essen?

Die Lahn ist ein sehr ruhiges Fließgewässer und eignet sich daher auch für Anfänger gut zum Kanu- oder Kajakfahren. Bei der Touristeninformation in Braunfels erhält man Adressen von saisonalen Anbietern, die ab Stellplatz Lahnwiese Verleihtouren mit Rücktransfer anbieten. Dabei erhält man die notwendige Ausrüstung, auch Schwimmwesten für Kinder sind inklusive.

Stellplatz Lahnwiese · Limburger Str. · 35638 Leun · Tel. 06473/756 99 50
www.stell-und-zeltplatz-lahnwiese-leun.de · GPS 50°33′5″ N, 8°21′11″ E
8 Stellplätze · €10 inkl. Strom · inkl. Ver- und Entsorgung, WC und Dusche
befestigte Wiese · ganzjährig nutzbar für Wohnmobile aller Größen
Tourist-Info · Markplatz 9 · 35619 Braunfels
Tel. 06442/93 44 11 · www.braunfels-erleben.de · geöffnet ganzjährig Mo bis Fr 10–13 Uhr und 14–18 Uhr, Sa 10–14 Uhr, So von 14–18 Uhr, November bis März So geschlossen

46 Ederaue Fritzlar

Sehr schön unterhalb des historischen Ortskerns und am Flüsschen Eder liegt der Wohnmobilstellplatz. Er befindet sich am Rand des großen Festplatzes, aber dennoch im Grünen. Zu einer Erfrischung lädt das benachbarte Schwimmbad ein.

Ein echter Familienplatz, an dem für alle Altersklassen etwas geboten wird: auf tollen Radwegen entlang der Eder fahren, am Mühlengraben entlang die höher gelegene Altstadt erkunden und westlich vom Stellplatz den kompletten Einkauf erledigen, Brötchen holen am Morgen, am Abend in die Bowlinghalle oder sogar ins Kino! Nur einen Kilometer entfernt vom Platz findet man, einfach der kleinen Straße an der Eder folgend, eine große Fischzuchtanlage. Bei der Familie Rameil gibt es eine große Auswahl an Räucherfisch und natürlich frische, küchenfertig vorbereitete Forellen, die man unkompliziert auf dem Grill zubereiten kann.

Jeden Mittwoch und Samstag sind am historischen Markplatz Waren und Spezialitäten aus der Region käuflich zu erwerben. Die Kulisse der alten Fachwerkhäuser könnte gar nicht schöner sein.

Unweit vom Marktplatz befindet sich der mehr als 1000 Jahre alte Fritzlarer Dom St. Peter, der 2004 den Ehrentitel päpstliche Basilika erhielt. Er wird als eines der bedeutendsten Bauwerke der Romanik und Gotik der mitteldeutschen Region betrachtet. Er ist täglich geöffnet von Montag bis von 9–17 Uhr, Samstag von 9–16 Uhr und So von 12–16 Uhr. Die Stadt Fritzlar erweist sich als großzügiger Gastgeber. Der Platzwart ist sehr zuvorkommend und unterstützt gerne bei der Durchführung von größeren Wohnmobiltreffen. Am Platz gibt es ausreichend Stromanschlüsse. Zudem liegt er hinter einem Wohnviertel mit Einfamilienhausbebauung wunderbar ruhig.

Wohnmobilstellplatz Ederaue · Pipprichsweg · 34560 Fritzlar
www.fritzlar.de · GPS 51°7'26" N, 9°15'56.6" E
20 Stellplätze · €7 · Strom €2/Tag · inkl. Ver- und Entsorgung
Saison von März bis November · im Winter kein Frischwasser
sehr gut befestigt und für große und schwere Wohnmobile geeignet
Tourist-Info · Zwischen den Krämen 5 · 34560 Fritzlar
Tel. 05622/98 86 43 · www.fritzlar.de
geöffnet Mo bis Do 10–17 Uhr, Sa 10–14 Uhr, So geschlossen

Der Rand am Festplatz bietet auch Platz für »Dickschiffe«.
Fachwerkensemble am Marktplatz

47 Knüllwald Wallenstein

In einer Sackgassenlage findet man unterhalb der Burg Wallenstein im gleichnamigen Örtchen an einem Badesee eine äußerst ruhige Übernachtungsmöglichkeit mit seinem Wohnmobil. Obwohl die Autobahn Luftlinie nicht weit entfernt ist, wird man davon überhaupt nicht gestört.

Im Schatten des Burghügels steht man am Ende des kleinen Ortes Wallenstein wohlbehütet inmitten des Knüllwalds. Von den vier Seen ist einer als Naturbad angelegt und im Sommer unbedingt als Erfrischung zu empfehlen. Am Eingang befindet sich ein Café, in dem es köstliche selbst gebackene Kuchen und Torten sowie weitere Speisen gibt. Am See vorbei führt ein Weg zur Ruine der hochmittelalterlichen Höhenburg Wallenstein, die 1223 erstmals urkundlich erwähnt wurde. Sie steht jedoch in keiner Verbindung zum kaiserlichen Feldherrn Waldstein (Wallenstein).

Das Highlight des Ortes beginnt in der Dorfmitte mit einem unscheinbaren Hinweisschild zum Lochbachtal. Das Tal schlängelt sich im weiteren Verlauf als Lochbachklamm durch die Felsen und bietet spannende Unterhaltung für Wanderfreunde. Der Pfad durch die Klamm ist sehr uneben und weder für Fahrräder noch Kinderwagen oder Ähnliches geeignet. Kleiner Tipp: Wer lieber bergab statt bergauf gehen möchte, der nehme am Ortsende geradeaus den asphaltierten Wirtschaftsweg, der einen an den mit einer Holztafel beschilderten Einstieg der Lochbachklamm führt.

Stellplatz Burg Wallenstein · Burgstraße · 34593 Wallenstein
www.burgwallenstein.de · GPS 50°57'3" N, 9°29'32" E
5 Stellplätze · €8 · €3 Strom, Ver- und Entsorgung
asphaltierte Fläche · ganzjährig nutzbar · für Wohnmobile aller Größen geeignet

Einsame Wege bietet der Knüllwald.

So liebt es der Womobilist: gerade und gut befestigte Flächen
Vorbei an der Heinrichshöhle ins Hönnetal

Sauerlandpark Hemer

48

Unscheinbar liegt auf der linken Seite am Ortausgang von Hemer, an der L 682 Richtung Deilinghofen, der Stellplatz am grünen Sauerlandpark mit großzügigen Flächen in Längs- und Querrichtung.

Die Bundesstraße ist nachts nicht viel befahren, sodass man ruhig schlafen kann. 2010 fand die 15. NRW-Landesgartenschau in Hemer statt und seitdem hat die Stadt und besonders der Rand, an dem man sich jetzt befindet, eine deutliche Aufwertung erhalten. Das Gelände mit seinen Attraktionen wie große Spielwiese, Wasserspielplatz, Seilgarten, dem Felsenmeer und der Heinrichshöhle und vielem mehr hat ganzjährig von 9:30 Uhr bis Sonnenuntergang geöffnet. Kinder bis sechs Jahre sind kostenlos, Erwachsene zahlen fünf Euro, Familien (zwei Erwachsene und Kinder bis 17 Jahre) 14 Euro.

Ebenfalls in direkter Nachbarschaft befinden sich das Felsenmeermuseum und das Hönnetal. Das Hönnetal im Osten Hemers gilt als eines der schönsten Täler Westfalens. Auf gekennzeichneten Wanderwegen geht es durch die wilde Natur, vorbei an bis zu 60 Meter hohen Steilhängen und Klippen – imposante Aussichten sind garantiert. Mit dem Fahrrad lässt sich die Gegend wunderbar erkunden und auch Hundefreunde kommen nicht zu kurz. Informationen zum Hönnetal findet man unter www.hoennetal.de.

Vom Stellplatz rechts sind es nur 400 Meter zum Mettgenpin, einer urigen Gastronomie mit einem einladenden Biergarten. Kleine oder große Speisen zu fairen Preisen locken vor allen Dingen Einheimische an, immer ein gutes Zeichen! Zur Ortsmitte Hemer ist es circa ein Kilometer. Hier finden Sie direkt am Ortsrand einen großen Einkaufsmarkt. Im Zentrum gibt es eine kleine Fußgängerzone mit belebtem Einzelhandel. Viele Häuser sind im Stil des westfälischen Fachwerks erbaut und im Rathaus erhält man im Erdgeschoss weitere Informationen für den Stadtbesuch.

Wohnmobilstellplatz am Sauerlandpark · Hönnetalstr. 26 (ist gegenüber) · 58675 Hemer
Tel. 02372/55 13 09 · www.hemer.de · GPS 51°22′44″ N, 7°46′16″ E
20 Stellplätze · €2 · Strom 50 Cent je kWh · Frischwasser €1 · Ver- und Entsorgung kostenlos
sehr gut befestigt · auch für große und schwere Wohnmobile geeignet
Gaststätte Mettgenpin · Hönnetalstr. 7 · 58675 Hemer
Tel. 02372/20 70 · www.mettgenpin-hemer.de
bei den Speisen von €5 bis €14 ist für jeden Geschmack das Richtige dabei

49 Ufer der Lenne in Altena

Der Stellplatz liegt sehr ruhig an der Sporthalle am Ufer der Lenne. Verschiedene Wander- und Radwege beginnen direkt hier und zur historischen Altstadt sowie zur namensgebenden Burg gelangt man mit einem schönen Spaziergang am Lenne-Ufer entlang in 20 Minuten.

Die Burg aus dem 12. Jahrhundert thront auf der Spitze der Wulfsegge. Diejenigen, die gut zu Fuß sind, nehmen die Gasse aus der Innenstadt zur Burg, bequemer und spannend geht es mit dem Erlebnisaufzug. Der Weg zum Aufzug führt durch einen 90 Meter langen Stollen, in dem virtuelle Sagenwesen ihr Unwesen treiben und den Besucher auf das 12. Jahrhundert einstimmen. Der Burgherr Graf Dietrich begrüßt zusammen mit seinem Freund, einer Fledermaus, seine kleinen und großen Gäste aus einem sprechenden Gemälde heraus. An sechs weiteren Erlebnisstationen werden Sie in den Bann einer fantastischen Sagenwelt gezogen. Am Ende »schnellen« Sie mit dem Aufzug innerhalb von 30 Sekunden die 80 Höhenmeter in den Burghof hinauf.

Der Burg zu Füßen liegt die Innenstadt, ebenfalls am Ufer der Lenne gelegen. Die großen Handelsketten werden Sie hier nicht finden, dafür aber kleine Kunst- und Antikläden und charmante, inhabergeführte Geschäfte. An Gastronomie mangelt es ebenfalls nicht. Bei schönem Wetter sitzt man idyllisch auf einer der Außenterrassen an der Lenne und geniest die regionale Küche zu vernünftigen Preisen.

Eine schöne Wanderung, auch prima mit Hund zu machen, bietet der historische Drahthandelsweg. Er führt auf ca. 32 Kilometer vom Bahnhof Iserlohn über Altena zum Bahnhof Lüdenscheid. So können Sie bequem Teilstücke vom Bahnhof Altena nach Iserlohn oder Lüdenscheid laufen und haben immer die Gelegenheit mit dem Zug zurückzufahren.

Wohnmobilstellplatz Sauerlandhalle · Herrmann-Voß-Str. 6 · 58762 Altena
Tel. 02352/20 92 95 · www.visitaltena.de · GPS 51°18'28" N, 7°39'37" E
16 Stellplätze · kostenlos · Strom €1 · Ver- und Entsorgung €1
auf ebenem, teilweise asphaltiertem Untergrund

Burg Altena · Fritz-Thomee-Str. 80 · 58762 Altena · Tel. 02352/966 70 33 · www.maerkischer-kreis.de
Der Erlebnisspaß für Kinder und Erwachsene kostet €4,80 für Erwachsene oder €9 mit Eintritt in das Burgmuseum, Schüler und Studenten bezahlen €3,50 oder €5, Kinder unter 4 Jahren sind frei, das Familienticket kostet €12 oder €20 · Mo ist Ruhetag

Eisenbahnbrücke über die Lenne
Das Gustav Dahlmann Museum in Altena

Schöner Blick auf den Rursee
Badestelle unweit vom Wohnmobilstellplatz

50

Rurseezentrum

Direkt am Ufer des Rursees mit einem wundervollen Blick auf Tal und Eiserbachdamm liegt, umgeben von schattenspendenden Bäumen, der Platz für die Wohnmobile. Die möglichen Freizeitaktivitäten sind nahezu unbegrenzt und bieten viel Abwechslung für alle Altersklassen.

Die Kinder können baden, es gibt Rad- und Wanderwege um den See sowie in die nahe gelegenen Wälder. Der Ort Rurberg und die Anleger der Schifffahrt sind ebenfalls in Gehweite. Sehr schön und abwechslungsreich ist der Dorfrundgang Rurberg. Der Einstieg der gut ausgeschilderten Route ist gleich am Rurseezentrum. Der 4,2 Kilometer lange Weg zeigt, dass man Rurberg nicht nur auf seine Seelage reduzieren sollte. Historische Fachwerkhäuser, eine alte Brunnenkammer und die alte Dorfkirche im südlichen Teil sind allemal einen Blick wert. Besonders dem tollen Glasfenster des Künstlers Erich Charlier sollte Beachtung geschenkt werden, denn es taucht die Seitenkapelle in ein wahrlich mystisches Licht! Darüber hinaus kann man sich unter www.nationalpark-eifel.de nach einer der geführten Rangertouren durch den Naturpark, die auch in Rurberg beginnen, erkundigen, die nicht nur für Kinder ein echtes Erlebnis sind. Genießern guter Speisen sei die gehobene Küche von Joachim Daners empfohlen: Eifeler Gerichte vom Feinsten, Reservierung erforderlich!

Stellplatz am Rurseezentrum · Seeufer 26 · 52152 Simmerath
Tel. 02473/937 70 · www.rursee.de · GPS 50°36′19″ N, 6°22′50″ E
12 Stellplätze · ganzjährig nutzbar · €8 inkl. Ver- und Entsorgung · kein Strom
befestigter Untergrund auch für große Wohnmobile
Daners Genießer Wirtshaus · Hövel 15 · 52152 Simmerath-Rurberg
Tel. 02473/32 12 · www.geniesserwirtshaus.de
geöffnet Do 18–22 Uhr, Fr bis So 13–15:30 Uhr und 18–22 Uhr
Menüs ab €32, Vorspeisen ab €6, Hauptgänge ab €13

51 Bad Westernkotten

Gut gelegen nahe der A 44 zwischen Dortmund und Kassel bietet sich Bad Westernkotten nicht nur als Zwischenstopp, sondern auch für einen längeren Aufenthalt an. Denn die kleine Kurstadt lädt zum Entspannen, Spazieren oder auch zu aktiven Fahrradtouren in der Region ein.

Die großzügigen Plätze lassen den Einsatz der Campingausrüstung zu und das Kurgebiet, die Therme sowie der gemütliche Ortskern sind fußläufig erreichbar. Wirklich sehenswert sind die großen Salinenanlagen inmitten des wunderschönen Parks, den man übrigens auch mit Hunden betreten darf. Hier kann man richtig durchatmen, denn die solehaltige Luft macht die Atemwege frei! Für Radfahrer bietet sich ein Trip in das nur sechs Kilometer entfernte Lippstadt, das »Venedig Westfalens«, an. Dank der zwei angelegten

Rundgänge kann man die Stadt wunderbar auf eigene Faust erkunden. Der Altstadt-Rundgang hat eine Länge von ca. 3,4 Kilometern mit 26 Tafeln und der Wasserrundgang weitere 14 Stelen auf vier Kilometer Länge. Start und Zielpunkt ist der zentrale Rathausplatz. Besonders der Wasserrundgang überrascht mit seinen vielen Brücken und Wasserläufen, die Lippstadt bis 1763 zur stärksten Festung zwischen Rhein und Weser machten. Die zahlreichen Wassergräben dienten dem Schutz und die Kanäle erleichterten die Versorgung der Bevölkerung. Selbstredend gibt es auf dem Weg natürlich zahlreiche Gelegenheiten sich zu stärken oder ein Päuschen bei Kaffee und Kuchen einzulegen.

Wohnmobilstellplatz an den Sole-Thermen · Mühlenweg 1 · 59597 Bad Westernkotten-Erwitte
Tel. 02943/9765810 · www.wohnmobilplatz-bad-westernkotten.de
GPS 51°37'51" N, 8°21'7" E
46 Stellplätze · €8 · Strom 50 Cent/kWh · Frischwasser 10 Cent für 10 Liter
ganzjährig nutzbar · auch für große Wohnmobile
Tourist-Info · Westerntor 5c · 59597 Bad Westerkotten
Tel. 02943/9765810 · www.badwesterkotten.de
geöffnet Mo bis Fr 9–13 Uhr und 14–17 Uhr, Sa 10–13 Uhr, So 9:30–12 Uhr und 14–17 Uhr

Vorbildlich angelegt mit Platz zum »Campingleben«

52 Floßplatz Höxter

Direkt am Ufer der Weser mit Blick auf die Altstadt von Höxter kann es sich die Wohnmobilbesatzung einige Tage gutgehen lassen. Der Weserradweg und die Hügel des Weserberglandes sorgen für ein ausgewogenes Freizeitprogramm.

Besonders der rechte Teil des Stellplatzes liegt sehr ruhig und leicht erhöht, sodass man von vielen Plätzen einen schönen Blick auf den Fluss hat. Selbst bei Veranstaltungen auf dem Festplatz können noch mindestens 35 Wohnmobile bequem hier stehen. Über die Weserbrücke ist man in fünf Minuten inmitten der schönen Altstadt, die sich aufgrund ihrer Kompaktheit wunderbar zu Fuß erkunden lässt. Hier findet man natürlich alle Geschäfte des täglichen Bedarfs und viele gastronomische Angebote. Grillfreunden sei gesagt, dass es zwei sehr

schöne Metzgereien gibt, an denen man zwangsläufig vorbeikommt und die eine tolle Auswahl an ausgefallenen Fleischangeboten haben.

Aber was wäre ein Besuch Höxters ohne das UNESCO-Weltkulturerbe Schloss Corvey in Augenschein zu nehmen? Die Schloss- und Klosteranlage aus dem 9. Jahrhundert liegt nur knapp zwei Kilometer außerhalb der Stadt schräg gegenüber dem Stellplatz auf der anderen Seite der Weser. Ob das Museum, die Bibliothek Hoffmann von Fallersleben oder Kirche und Abteigebäude – das Programm ist sehr vielfältig und auf verschiedene Altersklassen und Wünsche abgestimmt. Einen Überblick verschafft man sich am besten im frei zugänglichen Besucherzentrum.

Stellplatz Floßplatz · Im Brückfeld · 37671 Höxter · Tel. 05271/25 89
www.wesercamping-hoexter.de · GPS 51°46'27" N, 9°23'19" E
62 Stellplätze · €9 · Strom €1 für 2 kWh
Frischwasser €1 · Entsorgung, WC
Tourist-Info · Weserstr. 11 · 37671 Höxter · Tel. 05271/194 33 · www.hoexter-tourismus.de
Besucherzentrum Corvey · Tel. 05271/681 68 · www.schloss-corvey.de
geöffnet täglich 10–18 Uhr

Durch Hecken getrennte Stellplätze mit Weserblick

Das alte Backhaus ist bis heute in Betrieb.

53

Bellersen

In Bellersen in der Nähe von Brakel findet man diesen mit viel Liebe angelegten Platz für Wohnmobile. Ein Ort zum Entschleunigen, an dem es eigentlich an nichts fehlt!

Literaturfreunde werden wissen, dass Bellersen als das »Dorf B.« in der Meisternovelle »Judenbuche« der Dichterin Annette von Droste-Hülshoff internationale Berühmtheit erlangte. Seit seinem Erscheinen 1842 wurde das Buch weltweit 15 Millionen Mal verkauft und in fast alle Sprachen übersetzt. Im idyllischen Bruchttal am Rande ausgedehnter Waldgebiete gelegen, präsentiert sich der Ort unter dem Leitgedanken »Natur und Kultur auf dem Dorf« seit einigen Jahren völlig neu. Ob die größte Bio-Imkerei Deutschlands, das Werkhaus, das Backhaus und eine Schaubrennerei, alles ist hier top in Schuss und wird mit viel Liebe von den Bürgern gepflegt oder im Ehrenamt betrieben. Zahlreiche Wanderwege für alle Ansprüche starten direkt am Stellplatz, etwa der Auerochsen-Weg gleich unterhalb.

Die Stellplätze sind riesig und laden auch bei Hitze mit ihrer Beschattung zum Verweilen ein. Die Ruhe ist herrlich und für Kinder gibt es wirklich viel zu erleben, sodass auch ohne Computer keine Langeweile aufkommen wird. Sollte man das Glück haben und das Backhaus ist in Betrieb, muss man unbedingt versuchen von dem köstlichen Brot und Kuchen etwas abzubekommen! Wer am Abend keine Lust hat zu kochen, dem empfehlen wir die »Kornkammer« im benachbarten Feriendorf Natur-Pur.

Wohnmobilhafen Bellersen · Zum Mühlengrund 14 · 33034 Brakel-Bellersen
Tel. 05276/381 · www.wohnmobilhafen-bellersen.de · GPS 51°46'20" N, 9°11'18" E
23 Stellplätze · ganzjährig · €10,50 inkl. Strom, Ver- und Entsorgung
große Stellplätze durch Hecken getrennt
Restaurant Kornkammer · Strickberg 1 · 33034 Brakel-Bellersen · Tel. 05276/988 00
www.feriendorf-naturpur.de · geöffnet ganzjährig Fr, Sa ab 17 Uhr, So ab 11 Uhr,
Juli/August auch Di/Do ab 17 Uhr · bodenständige Küche ab €4

54 Westpark Werdohl

Die Werdohler sind echte Sauerländer im märkischen Teil der wunderbaren Naturlandschaft. Der beschauliche Ort und das Umfeld mit seinen Flusslandschaften bieten in den Tälern tolle Freizeitmöglichkeiten. Outdoor-Aktivitäten sind dabei der Favorit.

Einen hohen Freizeitwert bietet Werdohl durch die zahlreichen Wälder, die Berge und die Flusslandschaft der Lenne. Spaziergänger, Wanderer, Radfahrer, ja sogar Kletterer kommen auf ihre Kosten in dieser reizvollen Landschaft. Von den bewaldeten Höhen rund um die Stadt hat man einen herrlichen Ausblick auf das Lennetal. Viele Wandermöglichkeiten laden ein. Das Freibad, ein Hallenbad und eine Minigolfanlage bieten ausreichend sportliche Abwechslung.

Der Stellplatz liegt sehr schön abseits im Westpark mit Blick auf die Lenne. Südlich den Fluss entlang erstreckt sich das Naturschutzgebiet Hückenstein. Durch den Park kommt man über die Brücke an die Lennepromenade mit der angrenzenden Innenstadt. Über die Brücke rechts vom Stellplatz gelangt man zum Supermarkt mit Bäckerei. Der Lennestraße folgend sind es fünf Minuten bis zum Freibad, das für Erfrischung sorgt.

Nur wenige Meter vom Platz entfernt befindet sich das Restaurant Vier Jahreszeiten mit seiner hervorragenden mediterranen Küche. Hier gibt es für jeden Geldbeutel das Passende und die freundlichen Eigentümer machen eigentlich alles möglich. Sehr schön ist die lange Öffnungszeit, sodass man selbst bei Spätanreise noch bis 23 Uhr Essen bekommt. Im Sommer sitzt man sehr schön auf der Terrasse. Am Ufer der Lenne kann man es sich herrlich bequem machen und die Angelfreunde werden voll auf ihre Kosten kommen. Das Wasser hat eine hervorragende Qualität, was man an der Fülle von Lebenwesen am und im Gewässer sehen kann.

Wohnmobilstellplatz Westpark · Dammstraße an der Lenne · 58791 Werdohl
Tel. 02392/91 70 · www.werdohl.de · GPS 51°15'15" N, 7°45'19" E
4 Stellplätze · kostenlos · Strom € 1/kWh · Frischwasser € 1 · Entsorgung kostenlos
extra angelegtes Areal ganzjährig nutzbar · auch für große Wohnmobile
Restaurant Vier Jahreszeiten · Dammstr. 33 · 58791 Werdohl · Tel. 02392/28 76
www.vier-jahreszeiten-werdohl.de · geöffnet Di bis Sa 11–15 Uhr und 17–24 Uhr, So ab 11 Uhr

Die Anfahrt zum Stellplatz mit Versorgungstation
Blick von der anderen Uferseite

Großzügige Stellplätze am Kletterpark
Luchse im nahen Heimat-Tierpark

Kletterpark Bielefeld

55

Am Rand des Teutoburger Waldes beweist Bielefeld, dass man Vorurteile ganz schnell widerlegen kann. Am Stadtrand neben dem Kletterpark, Bürgerpark, Bauernhausmuseum und Botanischen Garten ist ein schöner Platz für Wohnmobile entstanden. Denn Bielefeld gibt es doch!

Wer die B61, den Ostwestfalendamm, verlässt, wird es nicht für möglich halten, in wenigen Augenblicken in den Ausläufern des östlichen Teutoburger Waldes sowie dem oberen Johannisbachtal komfortable Stellplätze vorzufinden!

Dazu kommt ein vielfältiges Freizeitprogramm direkt vor der Tür. Da wären der Kletterpark, das Bauernhausmuseum und natürlich, nicht zu vergessen, der Heimat- und Tierpark Olderdissen mit seinem historischen Bauerngarten. Bundesweit einmalig ist am Tierpark der freie Eintritt und die Öffnungszeit rund um die Uhr. Somit hat man die Gelegenheit auch bei Nacht Eindrücke zu sammeln, hört sich doch spannend an!

Es gibt einen Fahrradweg in die Innenstadt oder man nimmt den Bus, der ebenfalls hier oben hält. Spätestens nach einem Rundgang durch die Bielefelder Altstadt weiß der Tourist, dass es hier mehr gibt als die Dr.-Oetker-Dynastie. Dennoch ist für alle Interessierten zu erwähnen, dass die Dr. Oetker Welt mit Museum durch den Wald am Kletterpark sogar zu Fuß erreichbar ist. Nur 400 Meter davon entfernt befindet sich unser Gastro-Tipp, das Glück & Seligkeit, in einer alten Kirche! Das neugotische Ambiente der Martini-Kirche aus dem 19. Jahrhundert ist den Weg wirklich wert. Selbst Kinder und Jugendliche werden vom Angebot am Stellplatz begeistert sein und bestimmt nicht von einem langweiligen Aufenthalt sprechen!

Stellplatz am Kletterpark · Dornberger Str. 53 · 33615 Bielefeld
www.bielefeld.de · GPS 52°1'18" N, 8°30'48" E
10 Stellplätze · €5 · Strom €1 für 2 kWh · Frischwasser 50 Cent für 40 Liter
Entsorgung kostenlos · ganzjährig nutzbar · Versorgung bei Frost gesperrt
Glück & Seligkeit · Artur-Ladebeck-Str. 57 · 33617 Bielefeld · Tel. 0521/557 65 00,
www.glueckundseligkeit.de · geöffnet ganzjährig Mo bis Fr 12–22 Uhr, Sa ab 9 Uhr,
So 10–23 Uhr · gehobene frische, kreative Küche
ab €5 für Vorspeisen und Hauptgänge ab €14, aber auch Pizza

56 Rees am Rhein

Am östlichen Rand von Rees findet man in der Nachbarschaft zum Hallen- und Freibad gut befestigte Stellflächen für Wohnmobile aller Größen. In der schönen Landschaft des Niederrheins hat man Anschluss an den Ort mit seiner kleinen Promenade und den Rheinuferradweg.

Der Niederrhein hat viel zu bieten für seine mobilen Gäste, jedoch lässt das Preis-Leistungs-Verhältnis manches Mal zu wünschen übrig oder man kann gleich einen Campingplatz ansteuern. Die Stadt Rees hat beim Ausbau ihres Stellplatzes Augenmaß bewiesen und ihn sowohl von der Lage wie auch vom Preis her gut gestaltet. Die Rheinpromenade mit dem hübschen Stadtkern erreicht man am besten mit dem Fahrrad, denn von hier geht es wunderbar

weiter am Rheinuferradweg. Als besonderer Tipp sei die Fußgängerfähre auf die Reeser Schanz erwähnt, dann geht es in die Rheinaue. Stromaufwärts gibt es zwei weitere Fähren, sodass man wieder auf die andere Seite wechseln kann, und somit ergibt sich eine wunderschöne Runde, deren Länge individuell abgestimmt wird. Wer sich gerne auf Schusters Rappen bewegt, dem sei eine Umrundung des Kerns entlang der alten Stadt- und Wehrmauer empfohlen. Der Bau der Massivbewehrung zog sich von 1289 bis 1350 hin und war bei Fertigstellung eine der bedeutendsten am Niederrhein. Alles erklärt sich von selbst und die Orientierung ist kinderleicht. Den Kindern macht übrigens die Erkundung der Türme besonders viel Spaß. Im Sommer sorgt das benachbarte Schwimmbad am Stellplatz für eine willkommene Erfrischung. Perfekt!

Stellplatz Ebentalstraße · Ebentalstr. 9 · 46459 Rees · www.stadt-rees.de
GPS 51°45'54" N, 6°23'25" E
45 Stellplätze · €8 · inkl. Strom, Ver- und Entsorgung
ganzjährig nutzbar · Brötchenservice
Personenfähre Räaße Pontje · Promenade Rees · Saison von Ostern bis Ende Oktober
Fährzeiten Mi, Fr, Sa, So und Feiertag 10–18 Uhr, in den Ferien auch Di

Die Rheinpromenade mit der alten Stadtmauer

57 Brückenkopf-Park Jülich

Die Technologie- und Zuckerstadt Jülich lädt ihre mobilen Gäste ins Grüne an den Brücken-Park ein. Viel Sehenswertes wie die Zitadelle und ein tolles Kinderprogramm direkt am Stellplatz bieten Abwechslung für die ganze Familie.

Trotz seiner Nähe (oder gerade deswegen?) zur Autobahn hat sich das Gelände am Brückenkopf-Park bei den Wohnmobilisten durchgesetzt. Eine kleine Fußgängerbrücke über die Rur ermöglicht einen bequemen Spaziergang zur schönen Innenstadt mit der beeindruckenden Zitadelle. Der benachbarte Brückenkopf-Park mit dem, bei den Kindern hoch im Kurs stehenden, Spiel- und Erlebnispark ist ein weiteres Highlight der Nachbarschaft neben den ganzen Wildgehegen mit Luchsen, Wölfen und einheimischen Wildarten.

Mit Hunden kann man wunderbar an der Rur entlang oder in die umliegenden Felder laufen. Der Innenstadtbereich lädt zum Shoppen ein und die Auswahl an gastronomischen Betrieben ist vielfältig und für jeden Geldbeutel. Die Stadt Jülich hat es mit viel Engagement geschafft, dem Trend einer Verödung von Innenstädten entgegenzuwirken. Gut ist auch zu wissen, dass es einen Fritz-Berger-Shop für Campingzubehör gibt und zwei Wohnmobilwerkstätten ihre Dienste anbieten oder mit Rat und Tat zur Seite stehen. Neben dem eigentlichen Terrain für die Wohnmobile steht noch eine große Wiese als Ausweichfläche zur Verfügung, sodass man Platz hat sich richtig auszubreiten. Noch mehr Freiheit für Mobilisten! Selbst mitgeführte Anhänger kann man abstellen. Prospekte und Informationen gibt es in Hülle und Fülle am Jugendhotel vor Ort.

Stellplatz am Brückenkopf-Park · Ruraueństr. 11 · 52428 Jülich · Tel. 02461/996 66 70
www.brueckenkopf-park.de · GPS 50°55'25" N, 6°20'25" E
30 Stellplätze · €9,50 · inkl. Strom, Entsorgung · Frischwasser €1
Dusche €1 · ganzjährig nutzbar · besonders gut geeignet für große Wohnmobile, da es auf der hinteren Wiese keine Aufteilung gibt

Perfekter Startpunkt für einen Spaziergang in die Innenstadt

58 Seepark Zülpich

Im Zuge der Landesgartenschau erhielt Zülpich einen Wohnmobilstellplatz unmittelbar am Badesee, von dem man heute und in Zukunft weiter profitieren kann. Der Ort selbst ist eineinhalb Kilometer entfernt, also mit dem Fahrrad oder zu Fuß problemlos zu erreichen.

Laut Aussage der Stadt soll der Wohnmobilstellplatz wieder auf Hochglanz gebracht werden, denn seit dem Ende der Landesgartenschau hatte er etwas gelitten. Darum bleibt er weiterhin eine gute Anlaufstelle am beliebten Badesee. Der Zülpicher See lässt sich komplett umrunden, und auch Hunde finden im hinteren Teil die Möglichkeit ein Bad zu nehmen. Die Innenstadt ist mit dem Fahrrad flott erreicht. Der Beiname »Römerstadt« verweist auf die römische Geschichte der Stadt, die als Tolbiacum im 1. Jahrhundert v. Chr. belegt ist und bis zur Schlacht von Zülpich 496 n. Chr. von Bedeutung war. Heute zeigt das sehenswerte Museum der Badekulturen Römerthermen Zülpich 2000 Jahre menschliche Badekultur in einer einzigartigen Ausstellung. Für Kinder gilt das Motto »Museum muss nicht langweilig sein«. So ist unter anderem eine Rallye kreiert worden, bei der Wissenswertes spannend verpackt wurde. Im Stadtbild sind noch viele Gärten und ehemalige Naturausstellungen der Landesgartenschau zu bewundern.

Stellplatz Seepark · Am Wassersportsee · 53909 Zülpich · Tel. 02252/522 03
www.seepark-zuelpich.de · GPS 50°40'36" N, 6°39'31" E
30 Stellplätze · €10 · inkl. Strom und Entsorgung · Frischwasser €1
ganzjährig auch für große Wohnmobile nutzbar
Museum Römertherme · Andreas-Broicher-Platz 1 · 53909 Zülpich
Tel. 02252/83 80 61 00 · www.roemerthermen-zuelpich.de
geöffnet ganzjährig Di bis Fr 10–17 Uhr, Sa, So, Feiertag 11–18 Uhr
Eintritt Erwachsene €4, Kinder und Jugendliche bis 18 Jahre frei

Nicht umsonst war hier die Landesgartenschau.

Der Zülpicher See aus der Vogelperspektive

Wurde manchem Schiff zum Verhängnis – die Loreley

Rheinblick St. Goarshausen

59

2002 wurde das obere Mittelrheintal in die Liste der UNESCO-Welterbestätten aufgenommen. Der Loreleyfelsen ragt 132 Meter hoch über den Rhein und war bei den Menschen viele Jahrhunderte lang eine Quelle für Mythen und Geschichten.

Es wurden Zwerge gesichtet, Nymphen und Berggeister. Vom Loreley-Besucherzentrum führt ein ca. zehnminütiger Fußweg hinauf zur Felsspitze. Die Loreley-Statue hingegen ist unten, am Rheinufer, zu sehen. Hierhin kommt man über einen Treppenweg vom Besucherzentrum. Die Statue sitzt auf der Spitze der Hafendamm-Mole und wurde 1983 von einer russischen Künstlerin an die Stadt St. Goarshausen übergeben. Heinrich Heine schrieb 1823 zu diesem Thema das Gedicht »Ich weiß nicht, was soll es bedeuten« und Friedrich Silcher machte aus dem Gedicht einen Welthit. Seitdem ist die Loreley als schöne Frau, die ihr goldenes Haar kämmt und die Rheinschiffer in den Wahnsinn und ins Unglück manövriert, in aller Munde und jeder möchte sie mal gesehen haben. Das Mittelrheintal hat aber noch viel mehr zu bieten: Burgen, mittelalterliche Städtchen mit verwinkelten Gassen und jede Menge Gastronomie und Wein!

Gut ausgeschilderte Routen führen durch die Weinberge und bieten dem Wanderer fantastische Ausblicke über den Rhein. Auch wenn es bis St. Goar knapp drei Kilometer sind, liegt der Platz sehr schön. Fähren verbinden die Orte auf der linken und rechten Rheinseite – so gelangt man zu Fuß oder mit dem Fahrrad schnell von einem schönen Ort zum anderen.

Wohnmobilstellplatz St. Goarshausen · Auf der Loreley 7 · 56346 St. Goarshausen
Tel. 06771/959 91 11 · www.loreley-besucherzentrum.de · GPS 50°8'31" N, 7°44'1" E
25 Stellplätze · €10 · ohne Ver- und Entsorgung · ganzjährig geöffnet
ohne Beschränkung auch für große Wohnmobile befahrbar
Das **Loreley Besucherzentrum** ist unweit vom Stellplatz und
die Gastronomie **Panoramaterrassen** mit Biergarten hat täglich bis 18:30 Uhr geöffnet.
Übrigens herrscht danach eine wunderbare Ruhe hier oben!

60 Römerkastell Alzey

Vom Wohnmobilstellplatz sind es knapp drei Gehminuten in die Altstadt von Alzey, das sich gerne die heimliche Hauptstadt Rheinhessens nennt. Und das auch nicht zu Unrecht, denn das kleine Städtchen ist liebevoll restauriert.

Schlendert man durch die Straßen mit den hübschen Fachwerkhäusern, den Cafés, Restaurants und Geschäften, glaubt man gerne, dass Alzeys Ehrenbürger Volker von Alzey, ein adliger Ritter am Hof der Burgunder in Worms, sich hier »wohlig aufgehoben« fühlte. Das Städtchen ist überschaubar klein und doch gespickt mit Sehenswürdigkeiten. Der Rossmarkt bildet den zentralen Mittelpunkt, hier pulsiert das Leben. Die Brunnentränke mit dem Pferd des Volker von Alzey (Max genannt) ist ein beliebtes Fotomotiv.

Auf einem kleinen, gut beschilderten Stadtrundgang führt der Weg an weiteren 15 historisch bedeutenden Stationen vorbei, unter anderem an dem städtischen Weingut, dem Römerkastell, der Hexenbleiche und dem Fischmarkt am alten Rathaus. Das Museum von Alzey bietet auf drei Stockwerken einen umfassenden Einblick in 30 Millionen Jahre Geschichte der Region Rheinhessen. Es ist das größte zeitgeschichtliche Museum in Rheinland-Pfalz. Die Alzeyer Burg wurde zu Beginn des 20. Jahrhunderts in historischem Glanz wiederaufgebaut und wird heute als Amtsgericht genutzt. Die Umgebung ist geprägt vom Rhein und Wein. Ob zu Fuß oder mit dem Rad, für jeden Geschmack und jede Kondition findet sich direkt ab Römerkastell eine schöne Strecke. Informationen findet man unter www.rheinhessen.de/erlebnis.

Wohnmobilstellplatz »Am Römerkastell« · Römerstr. 35 · 55232 Alzey
Tel. 06731/49 93 64 · www.rheinhessen.de · GPS 49°44'39" N, 8°7'6" E
6 Stellplätze · kostenlos · Strom 50 Cent/kWh · Frischwasser €1
Entsorgung kostenlos · ganzjährig nutzbar
Museum Alzey · Antoniterstr. 41 · 55232 Alzey · Tel. 06731/49 88 96
www.museum-alzey · geöffnet Mo bis So 10–12 und 14–16 Uhr · der Eintritt ist frei

Liebevoll restaurierte Fachwerkhäuser in der Altstadt

Die römischen Bauten von Perl versetzen die Besucher sowohl außen wie innen in eine andere Epoche.

Perl am Dreiländereck

61

Nahe dem geschichtsträchtigen Ort, an dem das Schengener Abkommen über die Europäische Reisefreiheit unterzeichnet wurde, und unweit der Mosel erwartet einen gerade an diesem gutbesuchten Flusslauf ein Stellplatz ohne Starallüren!

Der kleine Ort Perl lädt, die Reisekasse schonend, an seinem Schwimmbad zum Übernachten ein. Quirinuskapelle Perl, Römische Villa Nennig, Archäologiepark Römische Villa Borg und Panoramaweg Perl sind nur einige der Sehenswürdigkeiten, die zum Verweilen im Moselgebiet einladen. Beim Wort Mosel denken die meisten an den Flussabschnitt zwischen Trier und Koblenz. Die Mosel entspringt jedoch im Elsass und hat beim Erreichen der saarländisch-luxemburgischen Grenze schon die Hälfte ihres Weges hinter sich. An den Hängen der Täler gedeihen auf den Muschelkalkböden die Reben!

Absolutes Highlight ist das mehr als 2000 Jahre römische Kulturerbe in Perl. Die Villa Rustica im Archäologiepark Römische Villa Borg wurde originalgetreu auf den Fundamenten mit Wandelhallen, Badeanlagen, Gärten und Taverne aufgebaut. Diese Authentizität und Erlebbarkeit sind deutschlandweit einmalig. Ein tolles Erlebnisprogramm für die ganze Familie, und in der Taverne sollte man schlemmen wie die alten Römer! Wer weiß denn schon, ob Asterix und Obelix hier nicht schon gespeist haben?

Wohnmobilstellplatz Perl · Auf dem Sabel 4 · 66706 Perl · Tel. 06867/660
www.perl-mosel.de · GPS 49°28′44″ N, 6°23′6″ E
6 Stellplätze · €5 · Strom €1 für 6 Std. · Frischwasser €1
Entsorgung kostenlos · gut befestigte Fläche · auch für große Wohnmobile
Archäologiepark »Römische Villa Borg« · Im Meeswald 1 · 66706 Perl-Borg
Tel. 06865/911 70 · www.villa-borg.de · geöffnet Februar bis März Mo bis So
und Feiertag 11–16 Uhr, April bis Oktober 10–18 Uhr, Mo Ruhetag,
Dezember und Januar geschlossen · Eintritt für Familien mit Kindern bis 14 Jahren €12

62 Stellplatz Kiesel am Naheufer Kirn

Über der Stadt Kirn thront ihr Wahrzeichen, die Kyrburg! Gelegen im Nahetal und im Westen umgeben vom Naturschutzgebiet des Trübenbachtal gilt es nicht nur den lieblichen Nahetal Wein, sondern auch das traditionsreiche Kirner Bier zu probieren!

Außer Wein und Bier lassen sich auch mehr als 3000 Flaschen Hochprozentiges aus der ganzen Welt im Whisky-Museum in der beeindruckenden Kulisse der Kyrburg bestaunen, verkosten und natürlich käuflich erwerben. Die große Burgruine aus dem Jahr 936 bietet wahrlich viel zu

Die Ruine der Kyrburg

entdecken. Im Sommer gibt es in den alten Mauern sogar Open Air Konzerte. An der hübschen Altstadt fließt der Hahnenbach in die Nahe und es gibt eine sehr interessante Audiotour zum »Leben am Fluss«. Diese kann man kostenlos am Marktplatz bei der Tourist-Info erhalten. Die Kirner sind sehr gastfreundlich und freuen sich mit ihren Besuchern ins Gespräch zu kommen. Dabei wird man vielleicht den einen oder anderen Insidertipp erhalten, es lohnt sich also. Direkt am Naheufer fußläufig zum Markt finden 5 Wohnmobile Platz. Es ist nicht unbedingt romantisch, eher zweckmäßig und die Parkgebühr von € 3,- sehr angenehm.

Stellplatz Kiesel · Fontaine-les-Dijon-Str., Ecke Teichweg · 55606 Kirn
GPS 49° 47′ 3″ N, 7° 27′ 29,6″ E · Platz für 5 Wohnmobile
Tagesgebühr € 3,- von 19-7 Uhr frei · Keine Ver- und Entsorgung.
Restaurant und Whisky-Museum auf der Kyrburg · Auf der Kyrburg 1 · 55606 Kirn
www.Kyrburg.de · geöffnet Mi-Fr von 11-21:30 Uhr und Sa/So von 10-21:30 Uhr

Blick ins Whisky-Museum

63 Alter Bahnhof Pronsfeld

Im Grünen mit viel Platz die Seele baumeln lassen? Den Eifel-Ardennen-Radweg mit seiner Strecke durch unberührte Natur genießen? Herrliche Wanderwege, auch mit dem Hund, erkunden? Am Abend ungestört grillen? Das alles wird man hier in der Eifel finden!

An der Einfahrt zum Stellplatz erinnert noch das alte Signal an die Eisenbahnvergangenheit von 1886 bis 2006, als der Rückbau der letzten Schienen nach Prüm stattfand. Das liebevoll angelegte kleine Eisenbahnmuseum erinnert mit Exponaten zum Anfassen an die glorreiche Epoche. Aus der ehemaligen Trassenführung entstand eine hervorragende Radroute, die heute durch ihre Verbindungen an den Vennbahnradweg und den belgischen Ravel-Weg

Hier vergisst man ganz schnell den Alltag.

bis nach Aachen oder Luxemburg führt. Nach Prüm sind es so nur zehn Kilometer, ein lohnenswertes Ausflugsziel. Doch auch zu Fuß sind die Radwege sehr gut zu nutzen, da es kaum Steigungen gibt. Inlineskater kommen ebenso voll auf ihre Kosten. Wer sich am Abend gerne bekochen lassen möchte, dem empfehlen wir die Pizza bei Mario. Darüber hinaus findet man in Pronsfeld auch noch einen Bäcker.

Wer Pronsfeld in südlicher Richtung verlässt und dem Verlauf der Prüm folgt, kann noch einen Ausflug zum Eifel-Zoo planen. Die privat geführte Anlage zeichnet sich durch ihre Naturlage und viele heimische Tierarten aus. Alle Infos finden Sie unter www.eifel-tiergarten.de.

Stellplatz Alter Bahnhof · Bahnhofstr. · 54597 Pronsfeld · Tel. 06556/73 26
www.pronsfeld-eifel.de · GPS 50°9'47" N, 6°20'12" E
25 Stellplätze · €7 · Strom 50 Cent/kWh · Frischwasser 50 Cent
Entsorgung kostenlos · ganzjährig nutzbar · für Wohnmobile aller Größen
Ristorante Pizzeria bei Mario · Lünebacher Str. 1 · 54597 Pronsfeld · Tel. 06556/90 06 15
geöffnet täglich außer Di 11:30–14 Uhr und 17–23 Uhr

Mit viel Liebe wurde das Eisenbahnmuseum angelegt.

64/65 Gau-Algesheim/ Bingen

Etwas ruhiger, weg vom Fluss an den Weinbergen von Gau-Algesheim oder direkt am Rhein bei Bingen – zwei völlig unterschiedliche Stellplätze bieten den Wohnmobilisten die Möglichkeit ganz nach ihrem Geschmack zu entscheiden.

So nah und doch so verschieden sind diese beiden Stellplätze. Gau-Algesheim bietet seinen mobilen Gästen eine stadt- und naturnahe Übernachtungsmöglichkeit, in Bingen steht man unweit des Rheins an der Ruine der Hindenburgbrücke, die zum Ende des Zweiten Weltkrieges gesprengt wurde. Am Rheinufer entlang geht es binnen weniger Minuten zum Fähranleger nach Rüdesheim. Die Fähre verkehrt ganzjährig ab 7 Uhr bis 22 Uhr. Die Mitnahme der Fahrräder ist möglich. Die Hochburg deutscher Feiertouristen in den 60er- und 70er-Jahren ist auch heute noch unbedingt einen Besuch wert. In Gau-Algesheim geht es weit beschaulicher zu. In Gehweite zum Altstadtkern und zu einem Supermarkt steht man am Feldrand. Mit dem Fahrrad ist man in fünf Minuten am Freizeitbad Die Welle mit einem sehr schönen Sau-

nakonzept. Bei schlechtem Wetter hat man auch mit Kindern schnell ein Tagesprogramm gefunden (Info-Broschüre am Stellplatz).

Sicherlich kommt in Rüdesheim jeder automatisch durch die weltberühmte Drosselgasse, aber es gibt natürlich weitaus mehr zu erleben, darum sollte man eine kurzen Stopp an der Tourist-Info einlegen oder sich im Internet informieren bzw. einen bestimmten Programmpunkt wie eine Stadtbesichtigung im Voraus buchen.

Bingen hat viel zu bieten und mit der Personenfähre geht es nach Rüdesheim. Unser Tipp: ein Tag auf jedem Stellplatz!

Stellplatz Gau-Algesheim · Binger Str. · 55435 Gau-Algesheim · Tel. 0171/323 82 72
www.reimoplatz.de · GPS 49°57′47″ N, 8°0′44″ E
35 Stellplätze · €6 · Strom €2/Tag · inkl. Ver- und Entsorgung
Dusche im Freizeitbad Die Welle · perfekt gepflastert und ganzjährig nutzbar
auch für große und schwere Wohnmobile

Wohnmobilpark Bingen · Ausserhalb 11 · 55411 Bingen · Tel. 06725/30 87 89
www.wohnmobilpark-bingen.de · GPS 49°57′47″ N, 8°0′44″ E
40 Stellplätze · €7,50 · Strom €2,50/Tag · Ver- und Entsorgung kostenlos
angelegte Parzellen ganzjährig nutzbar · für Wohnmobile aller Größen

Tourist-Info · Markplatz 1 · 55435 Gau-Algesheim · Tel. 06725/99 21 43
www.gau-algesheim.de · geöffnet Mo bis Do 8–13 Uhr und 14–16 Uhr, Fr 8–14 Uhr

Tourist-Info · Rheinstr. 29a · 65385 Rüdesheim · Tel. 06722/90 61 50
www.ruedesheim.de · geöffnet ganzjährig Mo bis Fr 9–18 Uhr, Sa, So 10–16 Uhr

Der Promenadenpark Bingen mit Blick auf die Weinberge

66/67 Moselufer Lösnich und Kinheim

Nun ist ja die Anzahl und Auswahl an Stellplätzen in der Wohnmobil-Destination Nummer eins in Deutschland, an der Mosel, nahezu unerschöpflich. In den letzten Jahren hat sich aber leider auch die Preisstruktur stark nach oben verändert.

Glücklicherweise gibt es noch genügend positive Beispiele von Gemeinden, die sich an dieser Preisspirale nicht beteiligen. Hierzu zählen auch die kleinen Orte Lösnich und Kinheim, wo man direkt mit Blick auf die Mosel stehen kann. Nur wenige Hundert Meter trennen die beiden Stellplätze, man kann fast von einem zum anderen schauen. Beide Orte gehören nicht zu den Hochburgen des Moseltourismus, was den Vorteil hat, das man hier sehr ruhig und besonders in Lösnich ohne ständigen Durchgangsverkehr stehen kann. Beiden vorgelagert ist der Ort Kröv, der den meisten durch seine besondere Weinnamensgebung »Kröver Nacktarsch« bekannt sein dürfte. Viele Winzerhöfe laden zu Weinproben ein, bieten Rundgänge durch die Weinberge an und in Kröv gibt es eine Auswahl an gastronomischen Betrieben. In Lösnich und Kinheim regieren die kleinen Straußwirtschaften, die von den Winzerfamilien geführt werden. Es wird eingeladen zu Weinproben bei geselligem Beisammensein und kleinen Speisen. Genau das erwartet der Moseltourist. Hier macht es Spaß seinen Lieblingswein zu finden und direkt beim Produzenten zu kaufen. Eine der liebsten Freizeitbeschäftigungen, neben dem Relaxen, ist natürlich das Radfahren in der herrlichen Kulisse des Moseltals.

Nicht versäumen sollte man einen Ausflug auf die Festung Mont Royal, die hinter der Moselschleife Kröv und oberhalb der Moselschleife von Traben-Trabach liegt. Niemand Geringeres als der französische Sonnenkönig Ludwig XIV. ließ ab 1687 von seinem genialen Baumeister Vauban auf dem Halbinselberg diese gigantische Festungsanlage planen und erbauen. 3000 Pferde und 12 000 Menschen fanden hier Platz. Eine Wanderung um und durch die weitläufige Anlage ist schon beeindruckend. Um auch die jüngere Generation zu motivieren, sei noch erwähnt, dass unweit der Festungsruine der Kletter- und Abenteuerpark Forest Mont Royal ist. Direkt davor befindet sich der kleine Flugplatz Mont Royal, der vorwiegend von Segelflugzeugen genutzt wird und über eine öffentliche Gastronomie verfügt. Der Rückweg entschädigt für den Anstieg der Anfahrt mit einem spektakulären Panoramablick über die Moselschleife.

Stellplatz Moselufer · Gestade 8 · 54492 Lösnich · Tel. 06529/53867
www.loesnich.de · GPS 49°58'32" N, 7°2'34" E
120 Stellplätze · €10 · inkl. Ver- und Entsorgung · WLAN · Strom €2/Tag
geöffnet von März bis November · für große Wohnmobile gut geeignet
Stellplatz Moselufer 2 · Moselweinstr. 2 · 54538 Kinheim · Tel. 06532/3444
www.kinheim.de · GPS 49°58'20" N, 7°3'27" E
50 Stellplätze · €9 · inkl. Ver- und Entsorgung · WLAN · Strom €2/Tag
geöffnet von April bis Oktober · für große Wohnmobile gut geeignet
Tourist-Info · Harelbekeplatz 1 · 54538 Kinheim · Tel. 06532/3444 · www.kinheim.de
geöffnet Mo, Di, Do 9–12 Uhr, Fr 9–17 Uhr, Juli bis Oktober auch Sa 10–12 Uhr

Herrlicher Blick aus den Weingärten – finden Sie ihr Wohnmobil?

Schöner Rundumblick vom Wehrturm

Wildenburg Kempfeld

68

Immer wieder werde ich nach »einsamen« Stellplätzen in der Natur gefragt, an denen man ganz offiziell stehen darf. Der Stellplatz an der Wildenburg am Saar-Hunsrück-Steig gehört zweifelsohne in diese Kategorie. Die Nachbarschaft zum Wildgehege verleiht dem Ganzen einen besonderen Reiz!

Naturliebhaber, Fahrrad- und Mountainbikefahrer, Kinder, Wanderer oder Hunde, kurz und gut alle kommen hier zu ihrem Recht. Denn gleich auf der linken Seite der Wildenburg geht es auf den gut beschilderten Felsenweg, den man im hinteren Teil als Rundweg fortführen kann. Er lässt sich zu Fuß oder auf zwei Rädern erobern. Die Burggaststätte der Wildenburg hat leider nur sonn- und feiertags von 11 bis 18 Uhr geöffnet. Infos zu anderen Events wie den Krimidinners erhält man unter www.event-wildenburg.de.

Das eigentliche Erlebnis ist aber die Übernachtung selbst. Am Abend, wenn alle den Nachhauseweg antreten, wird es still und man schläft Tür an Zaun mit den Wildtieren! Röhrende Hirsche oder donnernde Geweihe von Kämpfen um die Weibchen und das Geheul des Wolfsrudels sind beeindruckend. Davon lässt man sich seinen Schlaf gerne mal unterbrechen. Frühaufstehern sei geraten den Besuch des Wildfreigeheges um Punkt 9 Uhr zu beginnen, dann hat man die Flora und Fauna gefühlt ganz für sich alleine.

Stellplatz an der Wildenburg · Wildenburgerstr. · 55758 Kempfeld · Tel. 06785/791 04
www.kempfeld.de · GPS 49°46'32" N, 7°15'16" E
5 Stellplätze · kostenlos · ohne Strom, Ver- und Entsorgung
auf asphaltiertem Untergrund · für Wohnmobile jeder Größe
Wildfreigehege Wildenburg · Wildenburgerstr. 22 · 55758 Kempfeld
Tel. 06786/72 12 · www.wildfreigehege-wildenburg.de
geöffnet ganzjährig täglich 9–17 Uhr · Familienkarte 2 Erwachsene 2 Kinder ab 4 Jahre €17

69

Niederwürzbach

Unmittelbar am Würzbacher Weiher in der Ortschaft Niederwürzbach, einem Ortsteil von Blieskastel, sind Wohnmobilstellplätze an einem kleinen Biergarten entstanden. Die Pächter des Biergartens kümmern sich liebevoll um die mobilen Gäste.

Im südöstlichen Teil des Saarlandes liegt, nur einige Kilometer von der A 6 entfernt, der gemütliche Stellplatz am Würzbacher Weiher. Der Ort Niederwürzbach ist fußläufig entfernt und bietet alle Einkaufsmöglichkeiten für den täglichen Bedarf, falls sich Lücken im Vorrat zeigen sollten. Eine Vielzahl von Wohnmobilisten hat hier schon mehr Zeit verbracht als geplant, was nicht zuletzt an dem wunderschönen Naturschutzgebiet des Geißbachtals liegt. Dieses kann direkt vom Stellplatz zu Fuß oder mit dem Fahrrad entlang des Geißbachs erobert werden. Sehenswert sind die alten Felsengärten, die man nach ca. einem Kilometer kreuzt, und für Hunde kommt nach der Hälfte

des Weges der Sägeweiher, der für eine Erfrischung sorgt. Im Hochsommer ist die Strecke durch die Beschattung der Bäume sehr angenehm. Angelfreunden sei gesagt, dass der Würzbacher Weiher ein hervorragendes Fischrevier ist. Um den Weiher gibt es verschiedene hölzerne Plattformen, von denen aus man komfortabel seinem Hobby nachgehen kann. Wieder zurück am Wohnmobil gönnt man sich im Biergarten ein kaltes Getränk oder auch frisch Gegrilltes und kleine Speisen. Nähere Informationen zum Ort gibt es auf www.niederwürzbach.com, eine Tourist-Info gibt es erst in Blieskastel.

Stellplatz Würzbacher Weiher · Marxstraße · 66440 Blieskastel-Niederwürzbach
www.blieskastel.de · GPS 49°14‘49" N, 7°11'29" E
10 Stellplätze · €4,50 · Strom €1,50 für 6 Std. · Frischwasser €1/10 Min.
Entsorgung €1 · ganzjährig auch für große Wohnmobile auf geschotterten Spuren nutzbar
Tourist-Info · Luitpoldplatz 5 · 66440 Blieskastel · Tel. 06842/926 13 14
www.blieskastel.de · geöffnet April bis Oktober Mo bis Fr 8:30–12 Uhr und
13:30–15 Uhr, Sa, So 11–15 Uhr, im Winter nur Mo bis Fr

Die ansprechende Seelage garantiert Ruhe und Entspannung.

Vom Schaumberg aus blickt man über die ganze Region.

Jugendgästehaus Tholey

70

Auf dem Schaumberg oberhalb von Tholey befindet sich ein Stellplatz für die ganze Familie. Erlebnisbad und Erlebnispark mit Wasserspielplatz, Schaumbergturm mit Schaumberger Alm – hier liegt alles in direkter Nachbarschaft!

Nördlich von Saarbrücken, fast in der Mitte des schönen Saarlandes, ist man zu Gast am Jugendgästehaus von Tholey. Der Stellplatz eignet sich wunderbar für eine Zwischenübernachtung auf dem Weg von A nach B. Da das Gelände etwas abseits vom Ort liegt, sollte man seine Vorräte vollständig aufgefüllt haben und frisch ver- und entsorgt sein. Oben angekommen wird man überrascht feststellen, dass man hier einen abwechslungsreichen Tag verbringen kann. Der 596 Meter hohe Schaumberg zählt zu den höchsten Erhebungen des Saarlandes. Auf dem Plateau hat man von dem mächtigen, 37,5 Meter hohen Turm einen fantastischen 360°-Blick bis zum Pfälzer Wald, zum Hunsrück und zu den Vogesen. Am Fuße des Berges wartet dann die Schaumberger Alm mit bayrischem Flair und zünftigen Speisen. Der Weg ist ab dem Stellplatz durch den Wald ausgeschildert. Kinder wird es alternativ zum Erlebnispark mit seinem tollen Wasserspielplatz ziehen, und wer noch Lust auf eine Erfrischung verspürt, ist natürlich im Erlebnisbad bestens aufgehoben. Beim Empfang durch die Gastgeber erhält man ganz viel Info-Material zu weiteren touristischen Attraktionen der Umgebung. Als besonderes Angebot kann man morgens am Frühstückstisch der Jugendherberge Platz nehmen, einfach nachfragen!

Vom Schaumbergturm fällt der Blick auf das ebenfalls sehenswerte Benediktinerkloster St. Martin. Es wurde 634 n. Chr. erstmals urkundlich erwähnt. Damit ist die Abtei das älteste Kloster auf deutschem Boden. Mit dem Bau der dreischiffigen gotischen Abteikirche wurde bereits zur Gründungszeit begonnen. Ein beeindruckendes Stück Geschichte.

Stellplatz Jugendgästehaus · Am Schaumberg · 66636 Tholey · Tel. 06853/22 71
www.tholey.de · GPS 49°29'25" N, 7°2'17" E
10 Stellplätze · kostenlos · kein Strom, keine Entsorgung · Frischwasser kostenlos
ebene Fläche, gut befestigt · ganzjährig nutzbar · auch für große Wohnmobile
auf Wunsch Frühstück möglich für € 6,50

71 Oberdigisheim am Stausee

Der Stellplatz ist nur für Wohnmobile angelegt und liegt sozusagen inmitten der Natur, fernab von jeglichem Verkehrslärm. Ein schöner Platz, um die Seele baumeln zu lassen und eine kleine, abwechslungsreiche Wanderung um den nahe gelegenen Stausee zu machen.

Der Stausee ist vom Stellplatz aus nach einem kleinen Anstieg erreicht. Wem das bereits genug Sport war, der kann hier an einem schönen Picknickplatz mit Grillmöglichkeit und Blick auf die Alb den Resttag genießen. Für alle Wanderfreunde gilt: »Pack die Badehose und ein Vesperpaket ein!« Es geht auf eine schöne und sehr abwechslungsreiche ca. zehn Kilometer lange Rundwanderung über Wege und Pfade durch die Wacholderheide, an felsigen Abschnitten vorbei oder durch kleine Schluchten. Nach 4,6 Kilometern ist der anstrengendste Teil geschafft und wir sind auf 960 Meter Höhe mit

einer fantastischen Aussicht. Nur noch ein bisschen weiter und der »Hohe Fels« ist erreicht. Hier lädt eine Vesperinsel zum Picknicken ein und Waldsofas zum Entspannen und Genießen.

Nun wieder aufgerafft und weitergemacht! Denn: Nur noch ein kleines Wegstück weiter und der Blick auf den See ist freigegeben. Am Ende können Sie sich mit einem Sprung ins kalte Wasser belohnen und sind fast schon wieder am Stellplatz zurück.

Der Stadtteil Oberdigisheim ist fußläufig zu erreichen. Dort gibt es zwei Restaurants. Nach Messstetten sind es ca. sieben Kilometer.

Vor dem Stellplatz hält der Bus, der täglich mehrmals nach Meßstetten fährt. Einen direkten Fahrradweg gibt es leider nicht. Achtung: Im Winter ist die Gegend für ihren Schneereichtum und die Kälte gefürchtet!

Wohnmobilstellplatz Oberdigisheim · K 7172 · 72469 Messstetten
Tel. 07431/634 90 · www.stadt-messstetten.de · GPS 48°10'13" N, 8°52'48" E
10 Stellplätze · kostenlos · Strom €1 für 6 Std. · Frischwasser €1
Entsorgung Grauwasser/Toilette kostenlos · ganzjährig geöffnet
ohne Zeitbegrenzung · der überwiegend asphaltierte Parkplatz ist eben
und liegt in schöner Umgebung mit Wiesen und Feldern

Blick in die Talsenke von Oberdigisheim

Der Stellplatz mal von oben
Toller Blick in das enge Tal von Forbach

Rappenfelsen Forbach

72

Am Rappenfelsen ist einiges geboten: Wasserspielplatz Forbach, Adventure World, Murgtal-Arena, Kletterfelsen, Wanderung zu den Giersteinen, Tierpark, Kanufahren oder Angeln in der Murg, Spaziergang auf dem »Glücksweg oder Bootfahren an der Schwarzenbach. Ein Paradies für Aktive!

Hier könnte man glatt auch länger Urlaub machen und die weitere Umgebung erkunden. Der Platz ist zweckmäßig, aber liebevoll gestaltet und die Betreiber sind sehr nett und hilfsbereit. Ob mit Kindern oder Hunden, hier gibt es für jeden die richtige Freizeitgestaltung und jede Menge zu erleben. Der Glücksweg ist ein ca. vier Kilometer langer Erlebnisweg. Entlang dem Weg stehen Informationstafeln zu Geschichtlichem und zur Natur. Rätsel müssen gelöst werden, man kommt an einem Wildgehege vorbei und an einer Mühle mit Backofen. In einem Wassertretbecken kann man die heißen Füße kühlen. Kinder und Erwachsene haben hier Spaß. An der Schwarzenbach-Talsperre können Sie ein Boot mieten und sich auf dem Wasser treiben lassen oder einen Fisch fangen, baden gehen oder einfach den Tag genießen. Etwas mehr Kondition verlangt die Wanderung auf die Bergkuppe bei Bermersbach zu den Giersteinen. Hier erwartet Sie ein fantastischer Blick über das Tal mit dem Flüsschen Murg. Den richtigen Adrenalinkick finden alle abenteuerlustigen Kinder und Erwachsenen in der Adventure World, www.adventureworld-forbach.de.

Das Beste zum Schluss: Mit der Konus-Gästekarte, die in der Stellplatzgebühr enthalten ist, hat man freie Fahrt in allen Verkehrsverbünden der Ferienregion Schwarzwald zwischen Rhein und Neckar, Pforzheim und Waldshut. Für Hunde und Fahrräder muss auf manchen Strecken ein kleiner Obolus extra bezahlt werden. Diese zusätzliche Gebühr schmälert aber nicht das Einsatzgebiet der Gästekarte.

Wohnmobilstellplatz Am Rappenfelsen · Murgtalstr. 3 · 76596 Forbach
Tel. 0722/826 91 · www.forbach.de · GPS 48°41′19″ N, 8°21′41″ E
5 Stellplätze · €7 · inkl. 2 Personen und Strom · zzgl. €0,85 Kurtaxe je Person
Ver- und Entsorgung kostenlos · WLAN gratis · Brötchenservice
Tourist-Info · Landstr. 27 · 76596 Forbach · Tel. 07228/390 · www.forbach.de

73 Markwasenbad Reutlingen

Der schön angelegte Stellplatz ist geschottert, wunderbar eben und liegt sehr grün direkt am Freibad unmittelbar am Naherholungsgebiet Markwasen. Die Reutlinger Innenstadt ist nur knapp zwei Kilometer entfernt.

In der Stellplatzgebühr enthalten ist eine Mobilitätskarte, die zur Nutzung der öffentlichen Verkehrsmittel berechtigt, und man erhält einen ermäßigten Eintritt in das angrenzende Freibad. Die Lage bietet für jeden etwas, für Erholungssuchende, Kultur- und Stadtinteressierte, Kinder und Hunde.

Auch hungrige und durstige Wohnmobilfahrer müssen nicht lange darben, denn einen Kilometer entfernt vom Stellplatz befindet sich das rustikale Restaurant Schützenhaus. Auch hier wird man innen wie außen, in einem großen Biergarten, kulinarisch verwöhnt. Im Angebot sind schwäbische Spezialitäten, aber auch Flammkuchen. Die Preise sind moderat und für Kinder steht ein großer Spielplatz zur Verfügung.

Direkt am Stellplatz befindet sich der Einstieg in einen elf Kilometer langen Wanderweg, überwiegend auf Rindenschrot. Auf der eher flachen Wanderung kommt man an mehreren Seen vorbei, an einem Mini-Wasserfall,

einem Wildgehege sowie Grill- und Picknickplätzen. Der Weg führt durch Wald und Wiesen. An mehreren Stellen hat man die Möglichkeit mit dem Bus zurückzufahren und so den Weg abzukürzen. Eine ausführliche Beschreibung findet man unter www.albtips.de/reutlinger-seen-markwasen.

Reutlingen selbst ist eine mittelalterliche Reichsstadt mit einem modernen Angebot. Ob Shopping, Kultur oder Gastronomie, das Angebot ist groß. Eine liebenswerte Stadt mit schönen Fachwerkhäusern, einer alten Stadtmauer und typischen Wehrtürmen. Ein besonderes »Schmankerl« ist der Reutlinger Weihnachtsmarkt. In der weihnachtlich geschmückten Altstadt präsentieren 100 Austeller individuelles und liebevoll handgearbeitetes Kunsthandwerk. In der Weihnachtszeit täglich geöffnet.

Wohnmobilstellplatz Markwasenbad · Hermann-Hesse-Straße · 72764 Reutlingen
Tel. 07121/93 93 53 53 · www.tourismus-reutlingen.de · GPS 48°28'30" N, 9°11'41" E
10 Stellplätze · €8 · inkl. Personen und Mobilitätsticket Nahverkehr
Strom 50 Cent/kWh · Ver- und Entsorgung €1 · vergünstigter Eintritt Freibad
große Plätze 5x10 m · Markise und Campingmöbel erlaubt · auch für große Wohnmobile über 7,5 t
Tourist-Info · Marktplatz 2 · 72764 Reutlingen · Tel. 07121/93 93 53 53
www.tourismus-reutlingen.de · geöffnet Mo bis Fr 10–19 Uhr und Sa 9:30–18 Uhr

Natur und gute Luft – das macht wieder fit für den Alltag!

74 Bräuhaus Ummendorf

Die Brauerei Ummendorf liegt mitten im Ort der gleichnamigen Gemeinde, unmittelbar an der kleinen Innenstadt und am Schloss Ummendorf mit seinem schönen Park.

Das Angebot für Wohnmobile steht hier stellvertretend für Brauereien in ganz Deutschland, die diese Gastfreundschaft anbieten. Im Bräuhaus gibt es interessante Führungen mit der Verkostung der verschiedenen Bierspezialitäten und der Gasthof bietet leckere schwäbische Küche.

Das benachbarte hügelige Umlachtal ist geprägt von prächtigen Buchen- und Tannenwäldern. Es liegt direkt am Donau-Bodensee-Radweg und lädt somit zu ausgiebigen Spaziergängen oder auch zu schönen Radtouren ein. Ein Naturfreibad bietet Erfrischung an heißen Tagen.

Im 4500 Einwohner zählenden Ort selbst findet man alle Geschäfte des täglichen Bedarfs. Die katholische Pfarrkirche aus dem 13. Jahrhundert gilt als eine der eindrucksvollsten Dorfkirchen Oberschwabens. Die bedeutende Madonna von Hans Multscher aus der Zeit um 1450 ist ein wahrer Schatz.

Ebenso einen Besuch wert ist das kulturelle Zentrum von Schloss Ummendorf. Der Augsburger Patrizier Matthias Manlich ließ es um 1560 erbauen. Kirche und Schloss liegen unmittelbar beieinander.

Im Bräustüberl geht es ganztägig zünftig zu und die deftigen Speisen erfreuen die Sinne. Der hauseigene Kräuterschnaps ist als Ausgleich dazu empfehlenswert.

Wohnmobilstellplatz Bräuhaus · Bachstr. 10 · 88444 Ummendorf · Tel. 07351/44430
www.braeuhaus.de · GPS 48°3'48" N, 9°49'60" E
6 Stellplätze · kostenlos · ab der dritten Nacht €3 · Strom €3
Ver- und Entsorgung auf Nachfrage · WC im Gasthof · Dusche auf Nachfrage gegen Gebühr
für große Wohnmobile bis 7,5 t geeignet
Gasthof Bräustüberl · geöffnet täglich außer Mi 10–23 Uhr
Donau-Bodensee-Radweg · beginnt direkt im Umlachtal · Infos unter www.donau-radweg.info

Morgenstimmung im Umlachtal

Der Barbara-Altar von 1510 in der Stadtkirche

Römerhof Schwaigern

75

Ein schönes Plätzchen für Ruhe und Entspannung direkt am Kraichgauradweg zwischen Heilbronn und Eppingen. Da in der Gebühr von zehn Euro alles enthalten ist, inklusive Sanitäranlagen mit Dusche, überschreiten wir unser Limit ausnahmsweise einmal!

Hinzu kommt, dass die Betreiber sehr zuvorkommend sind und auch noch exklusive Weinerlebnistouren durch die Weinberge für Wohnmobilisten anbieten. Dazu gibt es Geschichten, viel Wissenswertes rund um den Weinanbau und natürlich eine Weinprobe.

Der Hof Schwaigern liegt wie die umliegenden Römerhöfe in Alleinlage mitten auf weiter Flur, so wie zur Römerzeit, als auf den Hügeln bereits Trauben für das Getränk der Götter geerntet wurden. Der Ort Schwaigern selbst bietet viel zu entdecken, wie z. B. den Barbara-Altar des Malers Jörg Ratgeb von 1510, den man in der Stadtkirche findet. Besonders empfehlen möchte ich den Stadtmauer-Rundweg, der auf 17 Stelen die Geschichte in historischen Ansichten zeigt. Es ist ein Ort der Ruhe und Beschaulichkeit, an dem man die Seele ein wenig baumeln und den Gedanken freien Lauf lassen kann!

Für die Sportlichen bietet es sich an, den direkt vor dem Hof entlangführenden Kraichgauradweg für einen Teilabschnitt unter die Pedale zu nehmen.

Kulinarisch muss es das Gasthaus »Zum Lamm« am Markt sein, das auf eine 300-jährige Vergangenheit zurückblicken kann. Hier können Sie traditionelle schwäbische Küche genießen. Der Gaumen wird verwöhnt mit Maultaschen, Wurstsalat, Zwiebelrostbraten oder Rinderbraten auf Lembergersoße! Alle Speisen werden frisch und ausschließlich mit Produkten aus der Region zubereitet. Danach bietet sich noch ein Verdauungsspaziergang durch den nahe gelegenen Schlosspark an.

Wohnmobilstellplatz Römerhof · Römerhöfe 2 · 74193 Schwaigern
Tel. 071389/20696 · www.coaching-und-weinerlebnistouren.de · GPS 49°9'6" N, 9°1'42" E
4 Stellplätze · €10 · inkl. Strom, Ver- und Entsorgung
Dusche und WLAN · Hunde willkommen
Gasthaus Zum Lamm · Marktstr. 1 · 74193 Schwaigern · Tel. 07138/5357
www.lamm-schwaigern.de · Schwäbische Küche »at its best« von €5 bis €25

76 Sigmaringen

Das Areal liegt vor dem Campingplatz und in Gehweite zur schönen Innenstadt. Die Donau ist der direkte Nachbar und lädt zu tollen Fahrradtouren oder zu einem Abendspaziergang ein. Und am Morgen strahlt das Schloss im Sonnenaufgang.

Hätten Sie es gewusst? Das Hohenzollernschloss Sigmaringen ist das zweitgrößte Stadtschloss Deutschlands! Mit etwas Glück erblickt man gleich am Morgen nach dem Öffnen der Verdunkelungsrollos den architektonischen Prunkbau auf dem Felsen direkt an der Innenstadt. Bäcker und Einkaufsmöglichkeiten sind nur 300 Meter entfernt, und trotzdem steht man in der Nacht sehr ruhig. Der Naturpark Obere Donau bildet die Kulisse für einzigartige Wandertouren. Die fünf neuen Sigmaringer Premiumwanderwege führen über die Donaufelsen, an die Ufer, in die Höhe oder mitten ins Grüne. Die kompletten Beschreibungen findet man kostenlos auf der Homepage www.sigmaringen.de oder bekommt sie in der Tourist-Info in der Stadmitte. Dort gibt es für drei Euro einen interessanten Audioguide, der Ihnen eine abwechslungsreiche Stadtführung mit 19 Stationen zeigt. Dabei kommt man auch zum Shoppen oder wird verführt, ein Stück Kuchen beim ältesten Konditor der Region zu kosten! Schön ist, dass sich für den Rundgang die Dauer individuell gestalten kann.

Hervorragende Radwege oder auch die Option, eine Kanutour zu machen, komplettieren das großzügige Freizeitangebot.

Stellplatz an der Stadthalle · Georg-Zimmerer-Str. 6 · 72488 Sigmaringen
Tel. 07571/504 11 · www.outandback.de · GPS 48°5′6″ N, 9°12′35″ E
24 Stellplätze · €9 · Strom €1 · Frischwasser €1 für 100 Liter · Entsorgung kostenlos
ganzjährig nutzbar · direkt vor dem Campingplatz mit Kanuverleih, Hochseilgarten etc.
Tourist-Info Sigmaringen · Leopoldstr. 4 · 72488 Sigmaringen · Tel. 07571/10 62 24
www.sigmaringen.de · geöffnet April bis September Mo bis Fr 10–13 und 14–18 Uhr,
Sa/So 10–13 Uhr, Oktober bis März Mo bis Fr 10–13 und 14–16 Uhr

Sigmaringen ist mit seiner Stadt- und Donaulage eine Reise wert.

77 Itzelberger See

Der idyllische Platz am Itzelberger See liegt direkt am Albschäferweg, der in zehn Etappen 158 Kilometer mit Start und Ziel in Giengen über die schwäbische Alp führt. Er orientiert sich an den Weidewegen, die Schäfer mit ihren Herden gehen.

Ein großer Teil der Strecke lässt sich gut mit dem Fahrrad befahren, aber auch die Möglichkeit eine Etappe mit dem Zug zu verkürzen oder den Rückweg anzutreten, bietet sich an, denn vom Stellplatz zum Bahnhof Itzelberg sind es gerade mal 400 Meter. Von hier aus erschließen sich die Städte Aalen und Heidenheim, die sich als lohnenswertes Ausflugsziel anbieten. Aalen, mit seinen knapp 70 000 Einwohnern, erreicht man bereits nach 24 Minuten. Aufgrund ihrer Kompaktheit lässt sich die Stadt wunderbar erkunden und das

bedeutende Limesmuseum ist allein schon einen Besuch wert. Die Familienkarte »Eltern mit Kindern« ist mit 13,50 Euro sehr erschwinglich.

Zurück am Stellplatz kann man am Abend noch eine schöne Runde um den See gehen, natürlich auch perfekt für Hunde. Auf der gegenüberliegenden Seeseite vom Stellplatz findet man noch einen netten Biergarten, der auch kleine Speisen anbietet. Er bietet zudem eine Minigolfanlage und einen Bootsverleih. So kann man den See auch von der Wasserseite aus erkunden .

Stellplatz am Itzelberger See · Kapellenstr. · 89551 Königsbronn · Tel. 07328/962 50
www.koenigsbronn.de · GPS 48°44'4" N, 10°8'1" E
4 bis 6 Wohnmobile · kostenlos · für Strom und Frischwasser sind 50 Cent/kWh oder € 1 fällig
Entsorgung kostenlos · ganzjährig nutzbar
Limesmuseum Aalen · St. Johann-Str. 5 · 73430 Aalen · Tel. 07361/528 28 70
www.limesmuseum.de · geöffnet Di bis So 10–17 Uhr, Mo geschlossen, Feiertag geöffnet

Der schöne See bietet viel Abwechslung.

78 Fähranleger Leopoldshafen

Ein Stellplatz direkt am Rheinufer, keine Bahnlinie und Bundesstraße vor oder hinter dem Wohnmobil? Das sind schon mehrere glückliche Umstände, die hier aufeinandertreffen! An der kleinen Zufahrt zum Anleger Leopoldshafen kehrt nach der letzten Fähre Ruhe ein.

Für eine oder zwei Nächte kann man den Rheinischen Schiffverkehr genießen und die Markise Richtung des Uferdamms ausfahren. Mit dem Fahrrad kann man kreuz und quer durch die Niederungen streifen oder mit dem Hund an einem der vielen kleinen Seen der Umgebung spazieren gehen. Ebenso bietet sich ein Ausflug mit dem Fahrrad und der Rheinfähre nach Leimersheim an. Pfälzisch »Lämmersche« ist eine nette Ortsgemeinde im Landkreis Germersheim und hat ca. 2500 Einwohner. Auf dem Weg von der Fähre in

den Ort liegt links, kurz vor dem Yachthafen, die Rheinschänke mit einem schönen Biergarten.

In der Ortsmitte, am Festplatz, kann man sich bei der Bäckerei Schwab mit lecker Brot und Gebäck, gebacken nach mehr als hundertjährigen Familienrezepten, eindecken. Der Stellplatz fällt einfach in die Kategorie »sollte man mal erlebt haben«, denn in seiner Einfachheit gibt er dem Wohnmobilisten das Gefühl, einfach zu nächtigen, wo es einem gefällt!

Stellplatz Fähranleger · Uferstraße L559 · 76344 Eggenstein-Leopoldshafen
GPS 49°7'11" N, 8°22'0.2" E
20 Stellplätze · kostenlos · mit stabilem Untergrund · es gibt keinerlei Ver- und Entsorgung
ganzjährig nutzbar · auch für große Wohnmobile gut geeignet, nur eine Nacht Aufenthalt
Rheinschänke Leimersheim · Rheinstr. 26 · 76774 Leimersheim · Tel. 07272/27 09
www.rheinschänke-leimersheim.de · geöffnet Di, Do und Fr ab 17 Uhr, Sa, So, Feiertag ab 12 Uhr
Mo und Mi Ruhetag · hervorragende Pfälzische Küche zu guten Preisen
schöner Biergarten · unbedingt probieren: Pfälzer Saumagen mit Kraut für €8

Näher am Rhein ist kaum möglich!

79 Stellplatz Am Schlosspark Donaueschingen

In unmittelbarer Nachbarschaft zum fürstlichen Schloss mit der Donauquelle und dem Schlosspark bietet Donaueschingen seinen mobilen Gästen die Möglichkeit eine ruhige Nacht zu verbringen. Denn die zweitgrößte Stadt des Schwarzwaldes ist mehr als einen Tagesausflug wert!

Jogger oder Hundebesitzer werden es lieben den Tag mit einer Runde im benachbarten Park zu beginnen. Am Ende des Parks schräg gegenüber der Orangerie, gibt es in der Konditorei Reiter leckere, frische Brötchen. Die wunderschöne Altstadt von Donaueschingen ist somit fußläufig erreichbar und

Das Fürstlich Fürstenbergische Schloss in Donaueschingen

gespickt mit viel Sehenswertem. Als erstes ist natürlich das Schloss mit Orangerie und der Donauquelle zu erwähnen. Nur ein Stück weiter ist der Markplatz und die fürstlich Fürstenbergische Brauerei mit dem angeschlossenen Braustüberl eine weitere Aktraktion. In den Sommermonaten sind es nur wenige hundert Meter bis in das Freibad, um sich eine Erfrischung zu gönnen. Für Kinder bietet es eine tolle Rutsche und einen extra Spielbereich. Für die Liebhaber zeitgenössischer Kunst ist das Museum Art.Plus zu erwähnen. Besonders die wechselnden Sonderausstellungen finden weit über die Stadtgrenzen große Beachtung..

Stellplatz Am Schlosspark · Prinz-Fritzi-Allee · 78166 Donaueschingen ·
Tel. 0771/857221 · www.donaueschingen.de · GPS 47°56′50″ N, 8°30′22″ E
20 kostenlose Stellplätze · Kurtaxe € 1,50 ·
Strom, Ver- und Entsorgung gegen geringe Gebühr
Museum Art.Plus · Museumsweg 1 · 78166 Donaueschingen · Tel. 0771/8966890
www.museum-art-plus.com

Fürstenbergische Brauerei

80 Geisingen

Nicht weit von der A 81 gelegen, eignet sich der professionell angelegte Wohnmobilstellplatz am Ortsrand von Geisingen gut für eine Zwischenübernachtung, aber auch für einen Aufenthalt mit Ausflügen im Schwarzwaldgebiet. Ob Sie dabei vom Wohnmobil auf Rad oder Zug umsteigen, bleibt Ihnen überlassen.

In Blickweite zur Donau liegt das Ortszentrums von Geisingen, das zugegebenermaßen nicht sehr viel zu bieten hat. Ungewöhnlich ist der direkte Nachbar, die Inlinearena, in der man zu den Öffnungszeiten auf Nachfrage auch duschen kann. Für Inlineskater ist die gesamte Anlage natürlich ein Traum! Nicht nur innen, sondern auch außen gibt es eine blanke Asphaltstrecke mit kurvenreichem Profil und ohne Verkehr. Kinder können sich auch Skates leihen und so in sicherer Umgebung ihre ersten Schritte erlernen.

Der Wohnmobilstellplatz bietet große Stellflächen für Dickschiffe, Campingausrüstung und der Grill können ausgepackt werden. Backwaren und die fehlende Grillwurst kann man bequem im Supermarkt holen, der auf der anderen Seite des Donauseitenarms schon zu sehen ist! Unsere Empfehlung ist es, von hier einen Ausflug nach Donaueschingen zu unternehmen. Dies geht zum einen auf dem Donauradweg (einfach 15 Kilometer) und zum anderen mit der Bahn, denn der Bahnhof ist nur ein Stück weit vom Supermarkt entfernt. In einigen Zügen ist auch die Mitnahme der Fahrräder erlaubt, sodass man Donaueschingen auch mit dem Rad besichtigen und zurück dann bequem den Zug nehmen kann. Für Radler mit elektrischer Unterstützung ist die Hin- und Rückfahrt am hervorragend ausgebauten Donauradweg keine Herausforderung. Die einfache Strecke lässt sich allerdings selbst mit Kindern gut fahren.

Wohnmobilstellplatz an der Inlinearena · Am Espen 8 · 78187 Geisingen
www.geisingen.de · GPS 47°55'13" N, 8°39'0" E
37 Stellplätze · €9 · Strom €2 für 4 kWh · Frischwasser €1
Entsorgung und WLAN kostenlos · ganzjährig für Wohnmobile bis 10 m
Tourist-Info · Karlsstr. 58 · 78166 Donaueschingen · Tel. 0771/85 72 21
www.donaueschingen.de · geöffnet Mo bis Fr 9–18 Uhr, Sa 10–14 Uhr, So 10–12 Uhr,
Oktober bis April nur Mo bis Fr 9–17 Uhr

Einladende Stellplätze am Ortsrand von Geisingen
Innenansicht der benachbarten Skaterarena

81

Buchen im Odenwald

Am Waldrand von Buchen im Nationalpark und UNESCO-Geopark Odenwald liegt dieser Stellplatz. Das Morretal bietet Freizeitmöglichkeiten für die ganze Familie, besonders wenn man zur Öffnungszeit des Waldschwimmbades hier ist.

Den Begriff wunderschöne Lage möchte man ja nicht überstrapazieren, aber hier ist er definitiv angebracht. Entlang der Mühltalstraße ist man mit dem Fahrrad in fünf Minuten, zu Fuß in 15 Minuten im Kern der Altstadt von Buchen. Zu bestaunen gibt es wunderschöne Fachwerkhäuser im Odenwälder Stil und entlang des Stadtmauer-Rundweges kann man nichts verpassen. Besonders im Sommer sorgen die kleinen Gassen für eine tolle Atmosphäre. Viele Geschäfte und Gastronomiebetriebe säumen den Weg, sodass jeder

etwas für sich finden sollte. Da man am Stellplatz auch sehr gut den Grill anwerfen kann, bietet es sich an, in einer der Metzgereien etwas Frisches einzukaufen.

Zur anderen Seite erschließt sich am Talweg entlang der Morre ein Naturparadies mit einem von vielen Wegen durchzogenen Waldgebiet. Wer gerne Außergewöhnliches mag, der sollte einen Ausflug mit dem Fahrrad zur Tropfsteinhöhle im ca. 7,5 Kilometer entfernten Steinbruch im Ortsteil Eberstadt planen. Der Weg ist gut ausgeschildert und führt zumeist über ländliche Wirtschaftswege. Dort befindet sich übrigens auch das Info-Zentrum des UNESCO-Geoparks Odenwald.

Wohnmobilhafen Morretal · Mühltalstr. 15 · 74722 Buchen · Tel. 06281/5350
www.morretal.de · GPS 49°31'43" N,9°18'37" E
12 Stellplätze · €8 · Strom €1/kWh · Frischwasser €1 für 100 Liter
Entsorgung kostenlos · kostenloser Eintritt ins Waldschwimmbad mit Dusche 50 Cent
ganzjährig nutzbar für Wohnmobile bis 8,50 m.
Tourist-Info · Hochstadtstr. 2 · 74722 Buchen · Tel. 06281/2780 · www.buchen.de
geöffnet Mo bis Do 8–12 Uhr und 14–17 Uhr, Fr bis 16 Uhr, Sa 10–12 Uhr

Die schöne Altstadt lädt zum Entdecken ein.

82 Markt Wald Bürgle

Idylle pur findet man hier in einer sehr schönen Naturlandschaft, direkt am Badeweiher, fernab vom Alltagstrubel. Mit Kind und Kegel oder Hund gilt es unmittelbar vom Wohnmobil aus die Geheimnisse der Wälder zu entdecken oder einfach einen entspannten Badetag einzulegen.

Vom Wohnmobilstellplatz bis in den Wald sind es 200 Meter und zur Ortschaft Markt Wald 500 Meter. An der zentralen Hauptstraße braucht der verwöhnte Mitteleuropäer auf nichts zu verzichten, ganz im Gegenteil! Hier findet man neben Käsestube, Bäckerei, Metzgerei, Einkaufsladen und Apotheke natürlich auch die Dorfschänke und nicht zu vergessen das alte Fuggerschloss. Markt Wald hat es geschafft als kleiner Ort für seine Einwohner attraktiv zu bleiben und damit auch jungen Familien eine echte Heimat zu geben. Das Fuggerschloss wurde bis 2017 aufwendig saniert und wird von

Graf Leopold Fugger sowie seiner Familie in Teilbereichen bewohnt. Es kann leider nicht von innen besichtigt werden, lässt sich aber von außen bewundern.

Der Stellplatz mit seinem Badeweiher und das nahe Waldgebiet sind für Kinder ein großer Abenteuerspielplatz, an dem sie ihre Freiheit genießen können. Wer sich nach einem umfangreichen Tagesprogramm kulinarisch verwöhnen lassen möchte, sollte im Gasthof Zum Hirsch einkehren, der auch kleine Gäste willkommen heißt.

Wohnmobilpark Markt Wald · Bürgle 1 · 86865 Markt Wald · Tel. 08262/14 29
www.wohnmobilpark-markt-wald.de · GPS 48°8'45" N, 10°34'31" E
20 Stellplätze · €8 · inkl. Personen und Entsorgung · Strom 50 Cent/kWh
Frischwasser €1 · Dusche/WC €2 · ganzjährig nutzbar
auf gut befestigtem Untergrund · auch für große Wohnmobile
Gasthof »Zum Hirsch« · Hauptstr. 17 · 86865 Markt Wald · Tel. 08262/13 47
www.markt-wald-hirsch.de · geöffnet Mi bis Fr 11–22 Uhr, Sa 11–14 Uhr, So 11–22 Uhr
regionale Speisen und schwäbische Spezialitäten zu tollen Preisen

Stellplatz direkt am Badesee

Das Rathaus in der Innenstadt

83

Auerbach in der Oberpfalz

Der idyllisch und absolut ruhig gelegene Stellplatz lädt durchaus zu einem längeren Aufenthalt ein. Die Region zwischen Fränkischer und Hersbrucker Schweiz bietet jede Menge Natur, Wanderwege und Radwege.

Kurz hinter dem Eschenbacher Weiher (Lohwiesenweiher) befindet sich diese urige Gaststätte mit Biergarten und Wohnmobilstellplatz in einer parkähnlichen Anlage. Das Gastgeber-Ehepaar ist ausgesprochen freundlich und hilfsbereit. Wer abends noch in der Wirtschaft sitzt, bekommt ein Gläschen Marmelade für das Frühstück mit auf den Weg. Für die kleinen Gäste ist ein gut ausgestatteter Kinderspielplatz angelegt. Die Brötchen kann man ebenfalls in der Gaststätte bestellen und viele gute Freizeittipps bekommt man gerne kostenlos dazu.

In Auerbach kann man das Bergbaumuseum Maffei-Schächte und das Museum 34 besuchen. Wandermöglichkeiten gibt es auf den Spuren des Erzweges oder über den Gottvaterberg zur Maximilliansgrotte. Nähere Informationen mit guten Beschreibungen und Karten zu Wander- und Radrouten finden Sie auf der Seite der Stadt Auerbach unter www.auerbach.de.

Südlich des Stellplatzes lohnt sich noch der Besuch der Maximiliansgrotte, der Tropfsteinhöhle mit dem größten Tropfstein Deutschlands. Nähere Infos können Sie beim Wirt der Gaststätte erfragen.

Stellplatz Gaststätte Schlupfloch · Hohe Tanne 4a · 91275 Auerbach
Tel. 0171/285 38 44 · www.schlupfloch-auerbach.de, GPS 49°40'07" N, 11°36'21" E
30 Stellplätze · €10 · inkl. 2 Personen · Strom €0,70/kWh, Ver- und Entsorgung je €1
Toiletten kostenlos · ganzjährig geöffnet · Reservierung möglich
für Wohnmobile bis 10 m Länge
Tourist-Info · Unterer Markt 9 · 91275 Auerbach · Tel. 09643/200 · www.auerbach.de

84 Weißbachmühle Merkendorf

Erst 2016 eröffnete die Krautstadt Merkendorf an der fränkischen Seenlandschaft diesen professionell angelegten Wohnmobilstellplatz. Ist der Platz voll, darf man ruhig auf die Wiese ausweichen! Die Parzellen sind großzügig und durch kleine Anpflanzungen getrennt.

Die historische Kleinstadt Merkendorf ist in zehn Fußminuten erreicht. Umgeben von einer Festungsmauer betritt man ein Kleinod mit tollen Fachwerkhäusern, kleinen Geschäften, Gastronomie, Bäcker und Metzger. Der Bahnhof ist ca. eineinhalb Kilometer vom Stellplatz entfernt. Mit dem Zug sind die Städte Gunzenhausen oder Ansbach schnell erreicht. Unmittelbar neben der Stadtmauer und dem Wehrgraben wurde 2014 ein Themen- und

Der Badesee ist ein beliebter Treffpunkt.

Erlebnispark eröffnet: eine schöne Parkanlage mit Sitzmöglichkeiten, Spielgeräten und Informationstafeln zur Geschichte der Krautstadt. Das Naturfreibad hat von Mai bis September von 10 bis 20 Uhr geöffnet. Eine Tageskarte kostet gerade mal drei Euro und wer nur drei Stunden bleiben will, zahlt zwei Euro. Die Wander- und Fahrradrouten sind – wie im gesamten Altmühltal – hervorragend und beginnen teilweise direkt ab dem Stellplatz. Bei schönem Wetter ist eine Schifffahrt auf dem Altmühlsee oder dem großen Brombachsee zu empfehlen. Langeweile kommt hier nicht so schnell auf!

Wohnmobilstellplatz Weißbachmühle · Weißbachmühle 3 · 91732 Merkendorf
Tel. 0982/665 00 · www.merkendorf.de · GPS 49°12'29" N, 10°41'33" E
11 Stellplätze · €7 je Mobil mit 2 Personen · Strom €1 für 2 kWh
Frischwasser €1 · Ver- und Entsorgung kostenlos · Sanitäranlagen können von April bis November kostenlos im Naturfreibad genutzt werden · ganzjährig nutzbar

Merkendorf bezaubert durch seine lückenlosen Gebäudeensemble.

Im Frankenland gehen die Uhren noch anders!

85

Wolframs-Eschenbach

Der 2012 neu angelegte Stellplatz lässt keine Wünsche offen und der Untergrund ist perfekt – absolut eben, gut drainagiert und mit viel Grün zwischen den Plätzen. Campingverhalten ist durchaus erwünscht, und so kann man sich hier einen entspannten Tag und eine kleine Auszeit gönnen.

Wolframs-Eschenbach ist der Heimatort des gleichnamigen Parzival-Dichters und Drehort der Räuber-Hotzenplotz-Filme. Direkt vom Stellplatz aus geht man über die alte Brücke am Stadttor in den historischen Ort mit Gebäuden aus dem Mittelalter und der Renaissance. Ob als Denkmal oder im gleichnamigen Museum, Wolframs-Esschenbach ist geprägt von seinem berühmten Dichtersohn. Aber auch dem jüngeren Prominenten, dem Räuber Hotzenplotz, wird Tribut gezollt. Jährlich findet zu Ehren Eschenbachs und des Räubers ein buntes Festival statt. Im Gasthaus Zur Traube wurden in den 70er-Jahren viele Szenen des Kinderfilms gedreht. Ausschließlich freitags öffnet das Gasthaus seine Tür für Durstige und Interessierte. Obschon der Ort wirklich klein ist, besitzt er alles, was man so braucht: einen Bäcker, einen Metzger mit fränkischen Spezialitäten, einen Supermarkt, ein Café, ein Restaurant und ein Bistro. Kinder können ihre Abenteuer auf dem Ritterspielplatz ausleben. Ein gut ausgebautes Wander- und Radwegenetz führt direkt vom Stellplatz in die schöne Landschaft. Zum Altmühlsee sind es gerade mal 14 Kilometer und zum Brombachsee 25 Kilometer.

Wohnmobilstellplatz Münsterblick · Waizendorf Str. 15 · 91639 Wolframs-Eschenbach
Tel. 09875/97 55 32 · www.wolframs-eschenbach.de · GPS 49°13'31" N, 10°43'13" E
24 Stellplätze · €5 · inkl. aller Personen · Strom €1/kWh
Frischwasser €1 · WC und Dusche sind am Automaten zu zahlen
Ver- und Entsorgung kostenlos · der Platz ist ganzjährig geöffnet
die max. Aufenthaltsdauer ist 7 Tage · 3 Tage kosten dann €13 und 7 Tage €29

86 Kaiserwiese Nördlingen

Wohnmobilfans, die gerne örtliche Sehenswürdigkeiten erobern, sind an der Kaiserwiese, nur wenige Gehminuten von der historischen Stadt Nördlingen, bestens aufgehoben. Das mittelalterliche Zentrum ist wunderschön, bestens erhalten und ein echtes Ganzjahresziel.

Erleben Sie eine der wenigen, komplett erhaltenen und begehbaren Stadtmauern Europas, mit deren Bau bereits 1327 begonnen wurde. In der Tourist-Info am Markplatz werden Führungen durch die Altstadt für Erwachsene und Kinder angeboten, darüber hinaus aber auch kulinarische Führungen oder ganz besondere »Lauschtouren« mit iPod, die man selbstständig durchführen kann. Unser Gastronomie-Tipp ist das Gasthaus Roter Ochse. 1270 erbaut, gibt es hier nur Rieser Küche mit regionalen Produkten. Schnörkellos einfach und kompromisslos gut! Eine ganz tolle Rundradtour ist »Genieß das Ries«. Die 31 Kilometer lange Route mit Start und Ziel in der Altstadt kann man bei einer reinen Fahrzeit von zweieinhalb Stunden aufgrund der schönen Streckenführung problemlos als Tagestour planen, denn es gibt immer einen Grund für einen Stopp. Infos und Streckenführung unter www.outdooractive.com, dem großen Portal für Wandern und Radfahren mit tollen Empfehlungen.

Wohnmobilstellplatz Kaiserwiese · Innerer Ring · 86720 Nördlingen · Tel. 0981/841 16
www.noerdlingen.de · GPS 48°51′19″ N, 10°29′3″ E
30 Stellplätze · €3 · Strom und Wasser €2 · Entsorgung kostenlos
max. Aufenthaltsdauer 48 Stunden

Tourist-Info · Markplatz 2 · 86720 Nördlingen · Tel. 0981/841 16
www.noerdlingen.de · geöffnet Ostern bis Ende Oktober Mo bis Do 9–18 Uhr, Fr 9–16 Uhr, Sa, So 10–14 Uhr, im Winter Mo bis Do 9–17 Uhr, Fr 9–15 Uhr

Gasthaus Roter Ochse · Baldinger Str. 17 · 86720 Nördlingen · Tel. 0981/34 84
www.rochse.de · geöffnet Mo bis So 10–22 Uhr · durchgehend Küche
kein Ruhetag · Speisen von €5 bis €18

Pause nach dem Stadtrundgang
Die geschlossene Altstadt ist sehenswert.

87/88 Brauerei Reichold/ Fischergasse

Die Alternative gibt es gleich frei Haus dazu und somit hat man die Wahl: volles Wohnmobilstellplatzprogramm à la Top-Platz oder nur einige Kilometer entfernt kostenlos in der Fischergasse im netten Ort Waischenfeld.

Auch wir haben das Ohr an der Wohnmobilgemeinde und wissen, dass Lage und Angebot im Ortsteil Hochstahl der Gemeinde Aufseß Freunde und Feinde hat. Wer möchte, kann für acht Euro am Brauereigasthof Reichold nächtigen oder man fährt weiter in die Fischergasse in Waischenfeld und steht kostenlos, bei nahezu dem gleichen Freizeitangebot. Der Platz ist direkt am Flüsschen Wiesent und es gibt einen Supermarkt, Bäcker sowie eine Tourist-Info im Bäderhaus. Ebenfalls fußläufig ist die Burg Waischenfeld mit Burg-

schänke zu erreichen. Trotz der Straßennähe kann man hier sehr ruhig nächtigen, und am Morgen, wenn man die Tür öffnet, liegt oft noch sanfter Nebel über den Feldern.

Der Brauereigasthof Reichold liegt direkt am Brauereienweg, wo man sich auf 14 Kilometer seinen Wanderpass bei vier Brauereien abstempeln lassen kann. Dafür gibt es dann die »Fränkische Bierfahne« oder das »Jodel-diplom«! Der Weg lässt sich natürlich genauso mit dem Fahrrad meistern – Unfallgefahr nach Alkoholgenuss! Am Platz zurück wartet der Brauereigasthof mit fränkischer Küche, frischem Bier und verschiedensten Aktionen auf die mobilen Gäste. Fest steht, dass zwei Wohnmobilstellplätze unterschiedlicher gar nicht sein könnten. Entscheiden Sie selbst.

Stellplatz Brauerei Reichold · Hochstahl 24 · 91347 Aufseß · Tel. 09204/271
www.brauerei-reichold.de · GPS 49°53'2" N, 11°16'3" E
38 Stellplätze · €8 · Wasser €1 · Entsorgung kostenlos
Stellplatz Fischergasse · Fischergasse 1 · 91344 Waischenfeld · Tel. 09202/96 01 17
www.waischenfeld.de · GPS 49°50'54" N, 11°20'42" E
3 kostenlose Stellplätze · ganzjährig nutzbar · ohne Ver- und Entsorgung oder Strom

Die markierten Flächen lassen immer genug Platz.

Treten Sie ein in die historische Altstadt von Burgbernheim!

Freibad Burgbernheim

89

Der Seilerturm und das alte Torhaus sind die bedeutendsten Sehenswürdigkeiten der historischen Altstadt im mittelfränkischen Burgbernheim. Im Sommer geht es in den Nordic-Walking-Park und im Winter locken Skilanglauf sowie ein Skilift.

Damit auch die mobilen Gäste etwas länger verweilen, gibt es in Gehweite zur Stadt einen gut angelegten Stellplatz. Direkt aus dem Wohnmobil kann man auf herrlichen Wegen durch die schönen Streuobstwiesen laufen. Der nahe gelegene See dient zum Angeln oder bei ausreichender Kälte sogar zum Schlittschuhlaufen! Das südlich angeschlossene Waldgebiet bietet ausgezeichnete Wanderwege und Radwege, die auch in den Aischtalradweg eingebunden sind. Da der Bahnhof ebenfalls zu Fuß erreichbar ist, bietet sich ein Tagesausflug nach Rothenburg ob der Tauber an. Die Stadt ist das Ganzjahresziel für Touristen aus der ganzen Welt. Es gibt Amerikaner, die meinen sie wären in einem angelegten Erlebnispark und die Japaner lassen die Objektive heißlaufen! Die Fahrt dauert nur 30 Minuten und das Tagesticket Plus für sechs Personen kostet nur 12,90 Euro. Da spart man sich die hohen Stellplatzgebühren und wird bequem durch die Landschaft chauffiert. Am Abend sollte man sich mit einem fränkischen Essen im Gasthof Zum goldenen Hirschen belohnen. Genießen Sie Wildspezialitäten zu einem tollen Preis-Leistungs-Verhältnis.

Stellplatz Freibad · Im Gründlein · 91593 Burgbernheim · Tel. 09843/309 34
www.burgbernheim.de · GPS 49°26′47″ N, 10°19′7″ E
12 Stellplätze · kostenlos · Kurtaxe 75 Cent je Erwachsener · Strom € 1,50/kWh
Ver- und Entsorgung kostenlos · auf stabilem Untergrund · ganzjährig nutzbar
auch für schwere Wohnmobile
Zum goldenen Hirschen · Windsheimer Str. 2 · 91593 Burgbernheim
Tel. 09843/93 68 80 · www.gasthofhirschen.de · geöffnet täglich 18–22:30 Uhr

90 Brühlwiese Leutershausen

Nur 300 Meter entfernt von einem der wenigen Naturbäder Bayerns, dem Altmühlfreibad, heißt die Stadt Leutershausen, die vermutlich schon im Jahr 800 von fränkischen Siedlern gegründet wurde, ihre mobilen Gäste willkommen.

Abseits vom Lärm steht man fußläufig zum Altstadtkern mit seinen verwinkelten Gassen und Häusern, die zum Teil noch von der Stadtmauer umgeben sind. Durch das Ober- und Untertor kann man bis heute gehen. Man findet hier alles für den täglichen Bedarf, und auch der Bäcker ist nicht weit entfernt, somit ist der morgendliche Brötchengenuss gesichert. Im Fremdenverkehrsamt am Markt kann man sich kostenlos mit Fahrrad- und Wan-

Die trutzige Stadtmauer umgibt noch heute große Teile des Kerns.

derkarten versorgen und erhält außerdem noch den ein oder anderen Insidertipp der netten Mitarbeiter.

Vom Ortsteil Wiedersbach aus kann man sogar mit der Regionalbahn in wenigen Minuten die Residenzstadt Ansbach erreichen, ebenso natürlich mit dem Fahrrad. Auf keinen Fall sollte man im Sommer einen Besuch des kostenlosen Flussfreibades in der Altmühl verpassen. Hier gibt es übrigens auch sanitäre Einrichtungen. Angelfreunde kommen an der Altmühl ebenfalls voll und ganz auf ihre Kosten. Die Angelerlaubnis erhält man im Fremdenverkehrsamt. So kann man den Fang dann küchenfertig machen und am nächsten Stellplatz grillen! Ein ganz besonderer Genuss!

Stellplatz Brühlwiese · Steinweg · 91578 Leutershausen · Tel. 09823/95 10
www.leutershausen.de · GPS 49°17'49" N, 10°24'38" E
10 Stellplätze · kostenlos · es gibt keinerlei Ver- und Entsorgung
auf gut befestigtem Untergrund mit Rasengittersteinen · ganzjährig nutzbar
Fremdenverkehrsamt Leutershausen · Am Markt 1–3 · 91578 Leutershausen
Tel. 09823/951 11 · www.leutershausen.de · geöffnet Mo bis Fr 9–12 und 13–16 Uhr

Leutershausen aus der Vogelperspektive

91 Burgschänke Friedrichsthal

Eine Spezies von Stellplätzen wollen wir nicht außer Acht lassen, und zwar die an Gasthöfen. Hier gibt es völlig verschiedene Optionen. Ist ein Parkplatz groß genug und der Appetit ebenfalls, braucht man oft nur nett anzufragen. Bei Einkehr wird man selten abgewiesen, sondern meist freundlich empfangen.

Im Fall der Burgschänke hat der Wirt für die Wohnmobile eine große, ebene Wiese reserviert und versorgt sie auch mit Strom und Wasser. Die Entsorgung ist ebenfalls möglich. Das Gasthaus Burgschänke ist weit über die Grenze des kleinen Fleckens Friedrichsthal für sein fränkisches Essen zu guten Preisen bekannt. Der Platz befindet sich inmitten der Natur und hier lässt es sich zwanglos entspannen. Man befindet sich immerhin auf 470 Meter Höhe und der Aussichtspunkt Hasselberg ist zu Fuß erreichbar. In knapp zwei Kilometer Entfernung liegt ein kleiner Naturbadesee, in dem auch Vierbeiner ihren Spaß haben können. An diesem Ort steht das Erlebnis, unter sternenklarem Himmelszelt eine ruhige Nacht zu genießen, absolut im Vordergrund. Am Morgen wird man Zivilisationsgeräusche vermissen und das große Waldgebiet nordöstlich von Friedrichsthal ist ein echtes Paradies, um die heimische Flora und Fauna zu entdecken.

Mit dem Fahrrad kann man wunderbar dem Verlauf der kleinen, wenig befahrenen Straße folgen und kommt im Verlauf an mehreren schönen Fischweihern vorbei, die zum Verweilen einladen.

Stellplatz Gasthaus Burgschänke · Friedrichsthal 11 · 91725 Ehingen
Tel. 09835/9779997 · www.zur-burgschaenke.de.tl · GPS 49°7'1.3" N, 10°31'50" E
10 Stellplätze · kostenlos · lediglich der Strom wird mit €3 berechnet
Ver- und Entsorgung sowie Brötchenservice gibt es ebenfalls
in den Sommermonaten bietet der Wirt auch eine Dusche gegen Gebühr an · ganzjährig nutzbar

92

E-Park Lauingen

Das schöne Lauingen an der Donau wartet mit dem modernsten Traktorenwerk Europas auf. Unweit der Innenstadt gibt es einen gut ausgestatteten Stellplatz auf dem Gelände des E-Parks mit dem herrlich beleuchteten Wasserturm.

Seit 2016 befindet sich in Lauingen ein Eisenbahn-Erlebnispark im Maßstab 1:32, der das Herz eines jeden Modellbauers höher schlagen lässt. Nur wenige Meter weiter steht Europas modernstes Traktorenwerk der Firma Deutz, in dem alle Technikinteressierten auf ihre Kosten kommen. Mit Museum, eigenem Kinderbereich und Werksbesichtigungen bietet die Deutz-Fahr-Arena ein umfangreiches Programm für alle Altersklassen.

Stellplatz E-Park · Riedhauser Str. 60 · 89415 Lauingen · Tel. 09072/922 67 28
www.eepark.eu · GPS 48°34'21" N, 10°25'20" E
15 Stellplätze · €8 · Strom 50 Cent/kWh · Ver- und Entsorgung je €1 · Duschen und Sanitäranlagen

Das imposante Rathaus von Lauingen

Direkter Blick vom Stellplatz auf die Donau
Perfekter Ort zum Entspannen

93

Schlösslwiese an der Donau

Wieder einer der kostenlosen Stellplätze, an dem sich die Gemüter scheiden: Was muss ein solcher leisten und was muss er können? Neuburg an der Donau möchte sich als sehenswerter Ort für den Durchreisenden oder ein Wochenende präsentieren.

Das schafft es ganz vortrefflich mit seinem unmittelbar am Donauufer gelegenen Wohnmobilstellplatz, der zudem noch kostenlos ist! Man kommt hier vortrefflich am Donau-Radwanderweg und nur wenige Hundert Meter von der beeindruckenden Stadt zum Stehen. Alle Sehenswürdigkeiten der jahrhundertealten Residenzstadt aufzuzählen würde den Rahmen hier bei Weitem sprengen. Genannt sei in jedem Fall der zentrale Schrannenplatz mit der wunderschönen Markthalle. Hier und auf dem Platz findet, in der Kulisse des Gebäudeensembles, auch der Wochenmarkt statt.

Für Kunstinteressierte ist der Stützpunkt der Bayrischen Staatsgalerie im Westflügel des Schlosses, mit flämischer Barockmalerei, sicherlich ein Muss. Höhepunkte sind die Meisterwerke »Das Pfingstwunder« und die »Anbetung der Hirten« von Peter Paul Rubens.

Sehr zu empfehlen ist die Karte mit dem Stadtrundgang von der Tourist-Info. Da kann man wunderbar auf eigene Faust losziehen und sich seine Pausen an einer der zahlreichen Gaststätten selbst einteilen. Die Vielzahl der Straßenzüge aus dem Barock und der Renaissance sind das Bergauf und Bergab allemal wert. Gegenüber vom Stellplatz auf der anderen Seite der Donau sieht man auch den Campingplatz, für alle die vielleicht länger verweilen möchten und etwas Komfort wünschen. Dazwischen liegt in der Mitte des Flusses die Leopoldineninsel, die man zu Fuß erkunden und dabei dem Treiben der Schwäne zuschauen kann.

Stellplatz Schlösslwiese · Ingolstädter Str./Zur Ringmeierbucht
86633 Neuburg an der Donau · Tel. 08431/552 40
www.neuburg-donau.de · GPS 48°44'25" N, 11°10'54" E
20 Stellplätze · kostenlos · Frischwasser €1 · Entsorgung kostenlos
auf ebener geschotterter Fläche · ganzjährig nutzbar · auch für schwere Wohnmobile
Tourist-Info · Ottheinrichplatz A 118 · 86633 Neuburg an der Donau
Tel. 08431/552 40 · www.neuburg-donau.de · geöffnet Ostern bis 1. November täglich 9–18 Uhr, im Winter Mo bis Do 9–12 und 14–16 Uhr, Fr 9–13 Uhr

94 Ilzbrücke Passau

Einen klassischen City-Stellplatz für alle Erlebnishungrigen findet man in der Dreiflüssestadt Passau am Zusammenfluss von Inn, Donau und Ilz. Mit Blick auf das Wasser ist man nur einen Katzensprung von der Halbinsel mit der Altstadt entfernt.

Gleich nach der Ankunft können die Kinder auf den schönen Spielplatz und die Hunde auf den Uferweg zum Austoben. Sommerzeit oder Weihnachtsmarkt, die Domstadt Passau ist ein Ganzjahresziel und ihre Lage an der Grenze zu Österreich eröffnet zudem noch die Option für einen Abstecher ins Nachbarland. Die Veste Oberhaus befindet sich zudem direkt auf der Seite des Stellplatzes und lässt sich mit entsprechender Kondition bergauf erobern. Dafür belohnt der gewaltige Blick über das Tal und die Altstadt. Mit 65 000 Quadratmeter Fläche gehört sie zu den größten Festungsanlagen Europas. Das städtische Museum Oberhaus zählt ebenfalls zu den größten unseres Heimatkontinents.

In der Altstadt wartet der Dom St. Stephan mit dem nächsten Superlativ, der mit 17 974 Pfeifen und 233 Registern größten Domorgel der Welt. Von Mai bis Oktober und in der Adventszeit findet täglich von 12 bis 12:30 Uhr das Mittagskonzert statt, ein absoluter Genuss. Für das leibliche Wohl geht es in den Gasthof Andorfer Weißbräu auf dem Weg zur Veste Oberhaus oder aber zum Wirtshaus Altes Bräuhaus an der Hängebrücke mit Blick auf die Veste. In beiden Lokalitäten genießt man die bayrische Gastlichkeit mit einem guten Preis-Leistungs-Verhältnis.

Stellplatz Ilzbrücke · Halser Str. · 94032 Passau · Tel. 0851/95 59 80
www.passau.de · GPS 48°34'42" N, 13°28'25" E
13 Stellplätze · €8 · Strom 50 Cent/kWh · Frischwasser €1
Entsorgung kostenlos · die ebene, gepflasterte Fläche
kann man auch mit großen und schweren Wohnmobilen wunderbar befahren
Tourist-Info · Bahnhofstr. 28 und Rathausplatz 2 · 94032 Passau, Tel. 0851/95 59 80
www.passau.de · ganzjährig täglich geöffnet · am Rathausplatz auch
So und Feiertag 10–15 Uhr
Wirtshaus Altes Bräuhaus · Bräugasse 5 · 94032 Passau · Tel. 0851/490 52 52
www.altes-bräuhaus.de · geöffnet täglich außer Heiligabend 11–22 Uhr
sehr zu empfehlen ist das Mittagsgericht für €6,90

Blick zur Passauer Altstadt mit Dom
Die Veste Oberhaus thront über der Stadt.

95 Burghausen an der Salzach

Am Ortsrand von Burghausen, unweit der Salzach, des Grenzflusses zwischen Deutschland und Österreich, ist dieser solide angelegte Stellplatz zu finden. Die sehenswerte Altstadt mit der Burganlage kann man kostenlos mit dem Citybus erreichen.

Der Platz liegt an der Straße nicht unbedingt romantisch, aber in der Nacht ist es sehr ruhig. Zur Altstadt sind es zweieinhalb Kilometer, mit einer Steigung. Die Burganlage mit ihren sechs Burghöfen ist mit mehr als einem Kilometer die weltlängste Festungsanlage. Mit einem farbenfrohen Ensemble schließen sich der Stadtplatz und die Flaniermeile, der »Grüben«, an. Für alle Radfahrer eröffnet sich rund um Burghausen ein wahres Paradies. Dies- und jenseits der Salzach wachsen Bayern und Österreich zusammen. Die Salzach-Inn-Region fasziniert besonders durch ihre unberührte Natur in den Grenzge-

bieten. Burghausen ist auch ein Etappenziel des beliebten Tauernradweges, dem man von hier etwa mit dem E-Bike ein gutes Stück folgen kann.

Wer den Grillplatz nicht nutzen möchte, der kann in nur 500 Meter Entfernung das Gasthaus Pentenrieder aufsuchen. Es liegt auf der anderen Seite des Waldstücks am Wohnmobilstellplatz. Eines der letzten originalen Gasthäuser in und um Burghausen, wird es vor allem von den Einheimischen aufgesucht. Regionale Speisen zu fairen Preisen verwöhnen Jung und Alt. Dazu gibt es einen kleinen Biergarten. Wo die Einheimischen einkehren, da lasse dich nieder! Diese Weisheit hat auch dieses mal wieder voll ins Schwarze getroffen.

Stellplatz am Waldpark · Berghamer Str. 1 · 84489 Burghausen
Tel. 08677/88 71 40 · www.visit-burghausen.com · GPS 48°9'16,5" N, 12°48'30" E
18 Stellplätze · €8 · Strom 50 Cent/kWh · Frischwasser €1 · Entsorgung kostenlos
ebener Untergrund mit Rasengittersteinen · auch für schwere Wohnmobile geeignet
ganzjährig nutzbar · in der Nähe ist ein Spielplatz und ein Grillplatz der Stadt
kostenlose Nutzung Bus in die Stadt
Touristik GmbH · Stadtplatz 99 · 84489 Burghausen · Tel. 08677/88 71 40
www.visit-burghausen.com · geöffnet ganzjährig Mo bis Fr 10–17, Sa 10–14 Uhr

Diese Festung muss man gesehen haben!

96 Ruhpolding

In der südlichen Spitze des Chiemgaus und des Berchtesgadener Landes sind Wohnmobilstellplätze rar gesät. So ist diese eine Übernachtung für einen Besuch von Ruhpolding oder zur Orientierung völlig in Ordnung.

Nicht nur im Winter zur Biathlonsaison ist die Hochburg dieser Sportart einen Besuch wert, sondern, aufgrund der landschaftlich reizvollen Lage, auch zu den anderen Jahreszeiten. Das Biathlonzentrum kann ganzjährig, also auch im Sommer, besichtigt werden oder man versenkt an der Schießanlage eine Scheibe. Der Ort ist vom Stellplatz zu Fuß oder bequemer mit dem Fahrrad erreichbar. Die umliegenden Bergbahnen laden zu einem Ausflug auf eine der Almen ein. Die bekannteste ist die Rauschbergbahn, wo ab dem Gasthaus an der Gipfelstation eine wunderschöne Talwanderung startet. Der vierstündige Abstieg führt über den Almweg zum Sackgraben und vorbei an der Allinger Stube (Einkehr möglich) zum Holzknechtmuseum. Am Fuße des Rauschbergs geht es in schattiger Waldlage zum Taubensee und zum Ausgangspunkt zurück. Eine Familienkarte für zwei Erwachsene mit Kindern unter 14 Jahren kostet 30 Euro. Weitere Infos unter www.rauschbergbahn.com. Das gesamte Berchtesgadener Land ist als Reiseziel für das ganze Jahr attraktiv und hat natürlich im Winter seine ganz besonderen Reize. Die schneebedeckten Berge locken in den kalten Monaten, im Sommer lockt die Natur mit saftigem Grün.

Stellplatz Camping Ortnerhof · Ort Nr. 5 · 83324 Ruhpolding · Tel. 08663/17 64
www.camping-ruhpolding · GPS 47°44'36" N, 12°39'47" E
16 Stellplätze vor dem Campingplatz · €9 · Strom 70 Cent/kWh
Ver- und Entsorgung · ganzjährig nutzbar für eine Übernachtung
danach ist natürlich ein Umzug auf den Campingplatz möglich

Einsiedl am Walchensee

97

Der Walchensee zählt mit 192 Metern zu den tiefsten Seen der bayerischen Alpen. Bei Einsiedl unweit der Uferlinie findet sich ein großer Wohnmobilstellplatz auf 812 Meter Höhe, der dazu einlädt die wunderschöne Gegend zu erkunden.

Nach dem Ort Walchensee sind es noch vier Kilometer auf der B 11 in südlicher Richtung, bis es vor der Kurve links abgeht. Die gut befestigte Fläche nimmt Wohnmobile aller Größen auf. Wer hier einen Stopp einlegt, macht dies wegen der Natur, und viel mehr gibt es hier auch nicht. Fahrradfahren, wandern, schwimmen, angeln, Kanu fahren, surfen oder nichts tun – das Naturschutzgebiet ist einfach herrlich!

Stellplatz Einsiedl · B 11 · 82432 Walchensee · Tel. 08858/92 91 68
www.nachtparkplatz-einsiedl.de · GPS 47°34'9" N, 11°18'10" E
80 Stellplätze · €8 · Strom €1/kWh · Frischwasser €1 · Entsorgung kostenlos

Eine Reise wert ist der klare Walchensee.

Der Stellplatz in der Abendsonne
Der Wellnesstempel von Urvater Sebastian Kneipp

Therme Bad Wörishofen

98

Die Kurstadt Bad Wörishofen hat an der Therme am Ortsrand eine großzügige Stellfläche für Wohnmobile aller Art angelegt. Doch es bietet sich mehr als nur ein Bade- und Wellnessaufenthalt an.

Die größte Stadt des schwäbischen Unterallgäus ist einer der bekanntesten Kneippkurorte. Der Pfarrer Sebastian Kneipp erlangte in Bad Wörishofen seine Erkenntnisse zur heilenden Kraft des Wassers und machte das damalige kleine Örtchen weit über seine Grenzen hinaus bekannt. Sicherlich ist der Stellplatz etwas nüchtern, für einen Thermenaufenthalt optimal und alle Einkaufsmöglichkeiten finden sich im benachbarten Gewerbepark. Nur wenigen ist bekannt, dass sich im angrenzenden Waldgebiet eine traumhafte Landschaft eröffnet. Vom Stellplatz sind es gerade mal 15 Minuten, und man ist am Sonnenbüchl beim Café Zillertal. Im Anschluss gelangt man zum Sonnenbüchlsee mit dem idyllisch gelegenen Freibad. Im Sommer ist dies eine echte Alternative zur Therme, wenn man nur schwimmen möchte. Am See vorbei kommt man zum sogenannten Tannenbaum mit einer, wie soll es anders sein, Kneippanlage! Anschließend erreicht man ein nettes Café mit einer sehr gepflegten Minigolfanlage und das benachbarte Hotel Sonneneck hat eine wunderschöne Außenterrasse. Das qualitativ hochwertige Restaurant ist absolut zu empfehlen und selbstverständlich für Gäste geöffnet.

Der City-Kern der Kurstadt ist sehr kompakt und wird von viel Grün durchzogen. Die Kurpromenade lädt mit ihren kleinen Boutiquen zum Bummeln ein, zahlreiche Cafés ermöglichen süße Pausen. Über den Gärtnerweg ist man mit dem Fahrrad in zehn Minuten mittendrin, alternativ kann man den Bus (kostenlos mit Kurkarte) ab Eingang der Therme nehmen.

Wohnmobilpark Therme · Thermenallee 1 · 86825 Bad Wörishofen
Tel. 08247/39 93 00 · www.therme-badwoerishofen.de · GPS 48°1'12" N, 10°35'29" E
25 Stellplätze · €9 · inkl. Strom und Kurkarte · Frischwasser €1 · Entsorgung kostenlos
Tourist-Info · Hauptstr. 16 · 86825 Bad Wörishofen · Tel. 08247/99 33 55
www.bad-woerrishofen.de · geöffnet März bis Oktober Mo bis Fr 9:30–18 Uhr, Sa, So 9:30–16 Uhr, November bis Februar Mo bis Fr 10–17 Uhr, Sa, So 10–12:30 Uhr
Restaurant Sonneck · Tannenbaum 1 · 86825 Bad Wörishofen · Tel. 08247/33 49 00
www.vitalhotel-sonneck.de · täglich geöffnet zur Mittagszeit und ab 17 Uhr

99 Skatepark Garmisch-Partenkirchen

Die günstige Alternative zu allen Angeboten um das mondäne Garmisch-Partenkirchen ist Teil des Parkplatzes am Olympia-Skisprungstadion. Zu jeder Jahreszeit gibt es hier ein reichhaltiges Freizeitprogramm für alle Altersklassen.

Der Talkessel und die umliegende Bergkulisse haben Garmisch-Partenkirchen nicht umsonst zu dem gemacht, was es über die Jahrzehnte geworden ist! Zu einem Ort, der das ganze Jahr etwas zu bieten hat und eine Reise lohnt. Zudem liegt es an wunderschönen Strecken Richtung Süden. Somit ist der gewählte Stellplatz optimal, um den Ort, das Olympiastadion von 1936 oder die Partnachklamm zu erleben. Man kann etwa vormittags anreisen und eine Bergfahrt mit der Eckbauerbahn unternehmen und von da durch die ruhigen Wälder bis zum Graseck abwärts wandern bis an den Einstieg zur Partnachklamm. Dieses beeindruckende Naturschauspiel ist kein Touristen-

nepp, sondern auf einer Länge von 700 Metern Erlebnis pur. An und unter Wasserfällen geht es an bis zu 80 Meter tiefen Felswänden entlang, wo es auch mal nass werden kann. Am Ende bringt einen die so gut wie gar nicht befahrene Straße zurück an den Stellplatz. Die reine Gehzeit beträgt zwei bis drei Stunden. Der Weg führt überwiegend bergab und ist auch mit Kindern gut zu schaffen. Am nächsten Tag entscheidet man sich dann für die Fortsetzung der Tour oder füttert noch einmal den Parkautomaten, um die Stadt zu erkunden, oder, oder … Bitte nicht vergessen frisch ver- und entsorgt anzureisen, da es hier keine Möglichkeit zur Ver- und Entsorgung gibt. Alle Informationen zu Garmisch-Partenkirchen erhält man an der Bergbahnstation und am Eingang zum Olympiastadion.

Stellplatz am Skatepark · Karl- und Martin-Neuner-Platz · 82467 Garmisch-Partenkirchen
Tel. 08821/595 01 · www.garmisch-partenkirchen.de · GPS 47°28'58" N, 11°7'3" E
5 Stellplätze · € 2,50 · kein Strom oder Ver- und Entsorgung · ganzjährig nutzbar
für Wohnmobile aller Größen und Gewichte · Bezahlung am Parkautomaten
Eckbauer Bahn · Parkplatz Olympiastadion · www.eckbauerbahn.de · täglich 9–17 Uhr
einfache Fahrt Erwachsene € 13,50, Jugendliche € 10,50, Kinder € 8,50
Partnachklamm · www.partnachklamm.de · täglich geöffnet Mai bis Oktober 8–18 Uhr,
Juni bis September 6–22 Uhr, November bis April 9–18 Uhr
Eintritt Erwachsene € 5, Kinder und Jugendliche (6–6 Jahre) € 2

So günstig und in dieser Kulisse übernachtet nur der Wohnmobilist!

Register

Impressum

Verantwortlich: Kerstin Thiele, Sarah Schindler
Redaktion: Christian Schneider
Layout: Elke Mader
Kartografie: Heidi Schmalfuß
Repro: LUDWIG:media
Herstellung: Alexander Knoll
Printed in Slovenia by Florjancic

★★★★★

Sind Sie mit diesem Titel zufrieden? Dann würden wir uns über Ihre Weiterempfehlung freuen. Erzählen Sie es im Freundeskreis, berichten Sie Ihrem Buchhändler, oder bewerten Sie bei Onlinekauf. Und wenn Sie Kritik, Korrekturen oder Aktualisierungen haben, freuen wir uns über Ihre Nachricht an Bruckmann Verlag, Postfach 40 02 09, D-80702 München oder per E-Mail an lektorat@verlagshaus.de.

Unser komplettes Programm finden Sie unter www.bruckmann.de

Bildnachweis: Alle Bilder des Umschlags und des Innenteils stammen von Torsten Berning, außer S. 8o./u.: WikiCommons/Nightflyer; S. 10/11: Shutterstock/DanielFroehlich; S. 12/13: Shutterstock/travelpeter; S. 23: Brigitte Königstedt; S. 25o.: Shutterstock/Heide Pinkall; S. 25u.: Shutterstock/Michael Reichardt; S. 26: ® www.ostfriesland.travel; S. 30: Dieter Anneken; S. 31o.: mauritius images / Manfred Habel; S. 35: ©Samtgemeinde Thedinghausen/Fritz Westermann; S. 37o.: ©Touristikverein Haren (Ems) e.V.; S. 37: Shutterstock/JeDo_Foto; S. 40: shutterstoc/ArTono; S. 41: mauritius images / Siegfried Kuttig; S. 44-45: Shutterstock/Basotxerri; S. 45o.: picture alliance / ZB; S. 46u.: Shutterstock/Mapics; S. 53: ©SteinTherme BadBelzig; S. 54o./55: Bäckerei Plentz; S. 54u.: Shuttertsock/posztos; S. 56/57: Shutterstock/Dirk Saeger; S. 57o.: Daniela Morgenstern/Tourismusverein Scharmützel-see e. V.; S. 58: Shutterstock/Ugis Riba; S. 60u.: Shutterstock/Konrad Weiss; S. 61: mauritius images / Hans-Peter Merten; S. 62/63: Shutterstock/Marcus_Hofmann; S. 68o.: Shutterstock/IURII BURIAK; S. 72/73: Shutterstock/Astor57; S. 74o.: © Stadtverwaltung Elsterberg; S. 82: Shutterstock/LaMiaFotografia; S. 90u.: Shutterstock/KH-Pictures; S. 100o.: Monschauer Land Touristik; S. 100u./101: Rursee-Touristik: C.Freuen; S. 109o./u.: Stadt Werdohl; S. 110: Shutterstock/Joel Wuestehube; S. 117u.: mauritius images / United Archives / Werner Otto; S. 120: Tourist Information Alzeyer Land/Rheinhessische Schweiz/Elena Anesiadis; S. 122o./u./123: © Römische Villa Borg/ Moritz Leg; S.124 shutterstock/Harald Lueder, S.125 Whisky-Museum, Kirn /Sascha Bronnenkant; S. 133: Shutterstock/ChristophGoerg; S. 135o.: Norbert Ramelli; S. 138/139: WikiCommons/Olga Ernst; S. 140o.: Dick Wielinga/Rappenfelsen; S. 140u.: Reinhold Bauer/Rappenfelsen; S. 143o.: Yvonne Wisotzki; S. 146: picture alliance/Artcolor; S. 151o.: Brigitte Klier/Gemeindeverwaltung Königsbronn; S. 152/153: mauritius images / Colouria Media / Alamy; S. 153o.: picture alliance / Arco Images GmbH; S. 154/155 shutterstock/doromonic: S. 161o.: WokoCommons/Flussar; S. 164/165o: Stadt Merkendorf; S. 165u.: mauritius images / Martin Siepmann; S. 168/169o.: © Tourist-Information Nördlingen; S. 172: Shutterstock/fotoping; S. 173: shutterstock/Atchacapture; S. 175: WikiCommons/Wolkenkratzer; S. 176: Burgschänke Ehingen; S. 181o.: Shutterstock/manfredxy; S. 184: Shutterstock/Yuri Turkov; S. 186o.: Benjamin Köbler-Linsner

Die Deutsche Nationalbibliothek verzeichnet diese Publikation in der Deutschen Nationalbibliografie; detaillierte bibliografische Daten sind im Internet über http://dnb.d-nb.de abrufbar.

2. überarbeitete Auflage